INOVAÇÃO é tudo

O GEN | Grupo Editorial Nacional, a maior plataforma editorial no segmento CTP (científico, técnico e profissional), publica nas áreas de saúde, ciências exatas, jurídicas, sociais aplicadas, humanas e de concursos, além de prover serviços direcionados a educação, capacitação médica continuada e preparação para concursos. Conheça nosso catálogo, composto por mais de cinco mil obras e três mil e-books, em www.grupogen.com.br.

As editoras que integram o GEN, respeitadas no mercado editorial, construíram catálogos inigualáveis, com obras decisivas na formação acadêmica e no aperfeiçoamento de várias gerações de profissionais e de estudantes de Administração, Direito, Engenharia, Enfermagem, Fisioterapia, Medicina, Odontologia, Educação Física e muitas outras ciências, tendo se tornado sinônimo de seriedade e respeito.

Nossa missão é prover o melhor conteúdo científico e distribuí-lo de maneira flexível e conveniente, a preços justos, gerando benefícios e servindo a autores, docentes, livreiros, funcionários, colaboradores e acionistas.

Nosso comportamento ético incondicional e nossa responsabilidade social e ambiental são reforçados pela natureza educacional de nossa atividade, sem comprometer o crescimento contínuo e a rentabilidade do grupo.

Wagner Padua Filho

INOVAÇÃO é tudo

© 2016 by Editora Atlas S.A.
Uma editora integrante do GEN | Grupo Editorial Nacional

Capa: Daniel Cardim
Composição: Luciano Bernardino de Assis

Dados Internacionais de Catalogação na Publicação (CIP)
(Câmara Brasileira do Livro, SP, Brasil)

Padua Filho, Wagner.
  Inovação é tudo / Wagner Padua Filho.
  – São Paulo: Atlas, 2016.

Bibliografia.
ISBN 978-85-97-00288-1

1. Inovação   2. Competitividade   3. Criatividade
4. Organizações – Administração   I. Título

15-07845
CDU-658.4063

Índice para catálogo sistemático:

1. Inovação : Empresas : Administração   658.4063

TODOS OS DIREITOS RESERVADOS – É proibida a reprodução total ou parcial, de qualquer forma ou por qualquer meio. A violação dos direitos de autor (Lei nº 9.610/98) é crime estabelecido pelo artigo 184 do Código Penal.

Depósito legal na Biblioteca Nacional conforme Lei nº 10.994, de 14 de dezembro de 2004.

Impresso no Brasil/*Printed in Brazil*

Editora Atlas S.A.
Rua Conselheiro Nébias, 1384
Campos Elísios
01203 904 São Paulo SP
011 3357 9144
grupogen.com.br

*Aos meus **professores** e **mestres**, pelos ensinamentos, pelo exemplo e por me fazer acreditar que a carreira de professor vale a pena.*

*À minha esposa **Cristiane**, meu grande amor, companheira de jornada, conselheira nos momentos de dúvida, pelo amor incondicional, pelo incentivo e por me fazer acreditar que é sempre possível superar limites.*

*Aos meus pais **Wagner** e **Marli**, meus professores da vida, pelos exemplos, conselhos e por me fazerem acreditar na força da instituição Família (junto com minha querida irmã **Cristiane**).*

*Aos meus filhos **Gabriela**, **Izabela** e **Thiago**, razão maior das minhas lutas, por me proporcionarem o amor pleno e por me fazerem acreditar que cada dia de trabalho árduo vale muito a pena.*

CONHEÇA
MAIS
SOBRE
WAGNER
PADUA FILHO

Para saber mais detalhes sobre Wagner Padua Filho:

Cursos, treinamentos e palestras:

acesse: <www.wagnerpaduafilho.com.br>.

Para contato:

e-mail: <wagnerpaduafilho@hotmail.com>.

telefone: (31) 99891-7143

Conheça ainda a empresa:

acesse: <www.crweducacional.com.br>.

O Professor Wagner Padua Filho é palestrante, empresário e apontado como um dos melhores professores de Gestão Empresarial da Fundação Getulio Vargas – FGV. Destaque internacional pela sua experiência e conhecimento diversificado, tem Pós-Doutorado em Marketing, Management, Empreendedorismo e Inovação pela Universidade da Flórida – EUA, Doutorado em Medicina pela Universidade de São Paulo – USP e MBA em Gestão Empresarial pela Fundação Getulio Vargas – FGV. É atualmente embaixador da University of Texas at Austin para a América Latina, desenvolvendo projetos de capacitação e treinamento corporativo em parceria com a Mc Combs School of Business – UT. É um dos responsáveis pelas disciplinas de marketing, inovação, empreendedorismo, gestão do conhecimento em diversos cursos de MBA da FGV, como Marketing, Gestão Empresarial, Gestão de Projetos, Gestão de Pessoas e Gestão em Saúde. Já atuou em treinamentos e cursos em diversas empresas, entre elas: Vale, Unimed, Nextel, AT&T, Osram, Arvim Meritor, McDonald's, AstraZeneca, Libbs, FIAT, Laboratórios Biosintética, Banco do Nordeste, Firmenich, Danisco, Paul Wurth, Thyssen-Krupp, Usiminas, Italyline, Agrária Agroindustrial, Governo do Estado do Amapá, Governo do Estado do Maranhão, Intermédica, Embaré, Fundação Educacional São Francisco Xavier, Centro Oftalmológio de MG, Hospital Mário Covas – Santo André – SP, Hospital São Rafael – Salvador – BA.

É autor também dos livros *Marketing em Organizações de Saúde* e *Inovação e Gestão do Conhecimento*, ambos pela FGV Editora. Além disso, é autor de diversos artigos e publicações nacionais e internacionais.

AGRADECIMENTOS ESPECIAIS AOS COLABORADORES E APOIADORES

Agradecemos imensamente a confiança dos colaboradores que acreditaram desde o início em nosso projeto. O lançamento deste livro não seria possível sem o precioso apoio de:

Alexandre Ambrosio Silva
Anísio Alvarenga Pires
Betania Maria Meira
Claudio Isnar de Oliveira
Danilo Carvalho
Edvaldo Alves Costa Neto
Elaine Araujo
Elisangela Gonçalves de Araujo
Fernanda Cristina Dias de Paula Medeiros
Flaviana Prado Faccion Drumond
Gustavo Silva
Janaina Silva
João Paulo de Castro Barbosa
Kelvia Saraiva de Alencar
Kleber Balen Danielli
Leonardo Ferreira de Morais
Maiza Monteiro Vasconcelos
Márcio Fonseca Chialastri
Marco Aurelio Massofe Rios
Marcos Rifick
Maristela Teo Bongiovanni
Pedro Varella
Rafael Bandeira de Melo
Rubens Martins Neto
Sabrina de Carla Gabriel
Vitor Alves Del Duca

SUMÁRIO

Prefácio do autor xvii

Prefácio de Maurício Magalhães xxiii

1 – O valor da Inovação 1
    Estamos na era da Inovação 3
    A responsabilidade da educação 5
    A mudança da cultura 7
    Mas o que é Inovação? 9
    Inovar vale a pena 10
    Estudo de caso: TUDO e Itaú – uma parceria para mudar o mundo.... 11
    Referências 16

2 – Criatividade 17
    Tudo começa na infância 18
    Como nascem as ideias? 20
    Quer realmente ser mais criativo? 24
    Pensando em "novas caixas" 26
    Os mitos da criatividade 28
    O processo criativo 28
    A importância da criatividade para as empresas 29
    Como lidar com colaboradores criativos na empresa 30
    Criatividade e Inovação 33
    Estudo de caso: A criatividade sob a ótica da TUDO 34
    Estudo de caso: O processo criativo na TUDO 36
    Referências 38

3 – A empresa inovadora 39
    Principais características de uma empresa inovadora 40
    Estudo de caso: A estratégia 70/20/10 da Coca-Cola 43
    Estudo de caso: O jeito TUDO de ser 44
    Estudo de caso: IBM 52

As habilidades e características do inovador	53
Referências	59

4 – O processo de Inovação ... 61

As bases do pensamento inovador	62
Design Thinking	63
As bases do processo de inovação	68
Fechando o ciclo da inovação	73
O Canvas Estratégico de Inovação	74
Referências	79

5 – Onde inovar nas empresas? ... 81

Inovação em produtos	83
Agência TUDO: Construindo um olhar inovador sobre o Brasil	84
Inovação em serviços	88
Estudo de caso: inovação no serviço das companhias aéreas	89
Inovação em máquinas e equipamentos	91
Inovação em marketing	91
Estudo de caso: Yahoo! Social Bike	93
Estudo de caso: Shopping Bosque dos Ipês, grande como você	95
Inovação centrada no cliente	96
Estudo de caso: ReclameAQUI – inovação e empreendedorismo sustentável centrado no cliente	99
Inovação em processos	103
Inovação em pessoas	103
Inovação em sustentabilidade	107
Estudo de caso: TUDO e Nestlé Roda Gigante	109
Inovação em modelos de negócio	110
Inovação na logística e na cadeia de suprimentos	110
Inovação em produtividade	111
Estudo de Caso: Zappos.com	113
Referências	115

6 – Principais modelos de Inovação 117

Inovação incremental × radical 118
Em defesa da inovação incremental 120
Inovação Aberta 120
Inovação Disruptiva 123
Estudo de caso: Empresas aéreas de baixo custo 125
Inovação Reversa 125
Estudo de caso: Ultrasom GE 127
O modelo Inovatrix 128
Inovação por Similaridade Temática 134
Estudo de caso: Intel e McAfee 135
Inovação às Escondidas 136
Inovação por Simplicidade 138
Inovação Colaborativa 139
Crowd Innovation 139
Inovação por Acaso 141
Benchmarketing Innovation 143
Estudo de caso: Lanchonetes *fast-food* e a solução *drive-thru* 145
Estudo de caso: O que empresas aéreas, bancos e locadoras de automóveis têm em comum? 145
Referências 147

7 – Medos, barreiras e paradigmas 149

Perdendo o medo da Inovação 150
É hora de quebrar paradigmas e preconceitos em relação à Inovação 152
Inovar não é coisa de gênio 154
Barreiras e riscos à Inovação 156
As dificuldades a serem enfrentadas quando se fala em Inovação 158

8 – Inovação sob a ótica organizacional 161

Quer ser uma empresa inovadora? Então pare de inovar
em produto e passe a inovar para o cliente.......... 162

A Inovação para o cliente interno.......... 163

Estudo de caso: TUDO e Vale Construção 164

A Inovação para o cliente externo 169

A inevitável substituição do homem pela máquina 170

Clusters de Inovação 175

Tecnologia da Informação e Inovação 176

Referências 179

9 – Inovação e Gestão do Conhecimento 181

Um pouco mais sobre o conhecimento.......... 182

Onde está o conhecimento? 183

O que se entende por Gestão do Conhecimento?.......... 183

Por que promover a Gestão do Conhecimento em sua empresa?.......... 184

Como adquirir conhecimento? 185

As empresas assumem seu papel 188

Referências 189

10 – Inovação e Empreendedorismo 191

A paixão empreendedora 196

Quem é o empreendedor? 197

Empreendedorismo como processo 200

O ciclo de vida do empreendedorismo 201

Referências 206

PREFÁCIO DO AUTOR

O assunto inovação vem despertando meu interesse há algum tempo. É inegável a atração que o tema provoca. É tentador imaginar que ainda é possível surgir no mundo moderno produtos que possam nos encantar, mudar o mundo em que vivemos e impactar efetivamente nossas vidas. A quantas inovações já assistimos, que capacidade fantástica tem o ser humano de recriar constantemente seu planeta, suas relações, sua existência. Excitação maior ainda é pensar que o mundo, em um futuro muito próximo, poderá ser totalmente diferente do que é hoje, graças ao enorme potencial inovador e transformador do homem. É na inovação que buscamos a nossa própria evolução, solucionando problemas, obstáculos e dificuldades, tornando a nossa vida mais longa e saudável, nossas experiências mais prazerosas, nosso mundo melhor.

Penso em inovação porque criei um hábito pessoal de ver a vida de forma diferente. Sempre procurei, diante de fatos, conceitos e desafios, analisar o mundo de forma crítica, abrangente, sob ângulos pouco convencionais. Quanto mais desenvolvo essa capacidade, mais estimulado fico em descobrir novas ideias, em identificar problemas ainda não resolvidos, desvendar mistérios, sanar dúvidas, em abrir novas portas e janelas, curioso em descobrir o que há além do horizonte de percepção. O resultado de tudo isso é uma constante descoberta de novos conhecimentos e a certeza de que é possível sim imaginar soluções criativas para os inúmeros problemas que afligem nossa sociedade.

Escrever um livro sobre inovação é um grande desafio. Primeiro porque, sendo algo relativamente novo na sociedade, ao qual só muito recentemente se passou a dar real importância, o tema da inovação está suscetível a uma série de modismos. Como tal, mais do que estimular discussões e reflexões, torna-se tema principal entre gestores e professores, que buscam soluções mágicas para responder aos enormes desafios impostos pelo mundo competitivo e globalizado de hoje. Inspira ainda escritores e "gurus empresariais" que, na busca de fama e prestígio, tentam desenvolver conceitos e definir padrões, na tentativa de ofertar ao mercado a teoria ideal. Neste livro, procurei exatamente o caminho oposto, ou seja, discutir o tema inovação de forma leve, didática, prática, adotando como base artigos acadêmicos consagrados, escritos por renomados professores das maiores universidades do mundo. Claro que aproveito também para defender alguns pensamentos pessoais que considero relevantes, alguns inclusive inéditos na literatura, pelo menos sob a ótica descrita, sem certamente ter a pretensão de torná-los referência ou verdade suprema.

A segunda razão vem da dificuldade de tornar a inovação algo que possa ser ensinado ou repassado a alguém. Por ser intangível, voltado para o futuro e envolver uma série de variáveis extremamente complexas, não é nem um pouco fácil discutir teorias, modelos e processos relacionados ao tema. Afinal, sempre estarei correndo o risco de que algum tópico discutido aqui já esteja ultrapassado ou pelo menos que uma nova forma de abordagem já tenha surgido. A inovação é e sempre será uma melhoria constante, estará sempre em mudança e transformação. Entretanto, como já disse, minha intenção jamais foi ou será de esgotar o assunto e sim de proporcionar uma oportunidade de difundir a inovação entre gestores, docentes, estudantes ou qualquer um que se sinta contagiado por ela.

Outro desafio significativo é o fato de que, apesar do discurso incisivo de que a inovação está fortemente presente em nossas vidas e na vida das empresas, o ser humano é preso aos paradigmas do passado. Há o comodismo emocional e psicológico de evitar qualquer coisa que leve à instabilidade, à insegurança, à augústia, ao medo. Assim, muito do que será dito neste livro poderá ser interpretado sob o viés do clássico, do tradicional, da inevitável tentativa de trazer tudo para o pensamento real e concreto. Mitos e barreiras serão obstáculos a mais a serem vencidos na leitura deste livro. Por isso, peço ao leitor que se desapegue de suas crenças pregressas e se permita um conhecimento novo, sem necessariamente ter a obrigação de concordar, não é esse o foco. Críticas construtivas são fundamentais para o desenvolvimento de ideia inovadora. Aliás, se você se pegar discordando de algum tópico deste livro, entenda isso como o aperfeiçoamento da sua capacidade de enxergar diferente e pensar diferente, o que é extremamente salutar quando se lê um livro sobre inovação. Se isso realmente acontecer, fico feliz em saber que pude contribuir um pouquinho para a construção do seu pensamento inovador.

Associar inovação com tecnologia é outro importante paradigma a ser quebrado. É inevitável associar inovação com *softwares*, aplicativos, computadores, máquinas ou robôs. Mas inovação é muito mais do que isso. Está no relacionamento com clientes e mercado, em estruturas de pensamentos mentais, em atitudes empresariais, em modelos de negócios.

Finalmente, o maior dos desafios, que é traduzir o mundo acadêmico para a prática. Esse é o ponto central deste livro, seu objetivo maior, porque acredito muito que esses dois mundos não são e jamais poderão ser antagônicos, como muitos ainda tentam defender. Em mais de 10 anos de experiência como professor de MBA na Fundação Getulio Vargas, como educador e consultor de empresas, estou convencido de que o caminho para o desenvolvimento de gestores e das organizações passa inevitavelmente pelo maior conhecimento das ferramentas acadêmicas de gestão, testadas e comprovadas pela ciência e traduzidas e interpretadas para a vida prática. O gestor de sucesso no futuro será aquele que domina o conhecimento acadêmico e é capaz de, diante dos inúmeros desafios da tomada de decisão, adotar a melhor estratégia.

Dentro desse princípio, cada capítulo deste livro foi escrito com esse direcionamento, adotando como pano de fundo a literatura científica pertinente a cada assunto, mas sempre com uma abordagem prática, possível de ser compreendida, desenvolvida e aplicada por qualquer pessoa.

É nesse ponto que a parceria com a TUDO faz todo o sentido. Aliás, tudo começou com uma visita meio que despretensiosa à Agência TUDO, uma das mais jovens e atuantes agências de comunicação do país. Estava recém-chegado de um Pós-Doutorado nos Estados Unidos, na Universidade da Flórida, onde fui contaminado pela energia empreendedora vivida naquele ambiente universitário. O estímulo ao desenvolvimento do conhecimento, aliado a uma talentosa equipe de profissionais e à fantástica estrutura de apoio, tanto física quanto tecnológica, foram fundamentais para potencializar em mim uma inquietude já nata em realizar projetos inovadores.

Com essa mentalidade voltada para o novo, voltei ao Brasil com a ideia de escrever um livro e, por motivos já descritos acima, estava fortemente inclinado ao tema inovação. Com essa ideia embrionária em mente, fui visitar a TUDO, com o propósito de produzir um estudo de caso da agência, bem como de outras empresas clientes. Durante a visita, fui conhecendo cada setor da TUDO. Confesso que no primeiro momento esperava encontrar uma agência tradicional, voltada para a criação de campanhas publicitárias, mídias, propaganda. Entretanto, já no início, fui me surpreendendo com o que vi. Em não mais que 30 minutos de reunião com o Cleber Paradela, um dos sócios da TUDO, pude perceber que muito mais do que a quebra do paradigma em relação às agências de publicidade, eu iria experimentar uma fascinante viagem ao mundo da criatividade, das boas ideias e da inovação. Caminhando pelas salas e corredores retorcidos de uma linda casa localizada em região nobre de São Paulo, pude perceber como cada teoria acadêmica, cada metodologia descrita nos artigos científicos estava ali contemplada, sendo praticada no dia a dia.

Sabendo que os *insights* são muito influenciados por ambientes ricos em energia criativa e inovadora, deixei minha mente aberta, livre, como habitualmente gosto de fazer quando me encontro em lugares inspiradores. Na TUDO é meio assim: talento, visão de futuro, coragem para questionar o óbvio, estímulo a pensar diferente. Foi em meio a esse turbilhão de estímulos que "Inovação é TUDO" surgiu. A ideia foi unir em um só livro o que o mundo acadêmico diz sobre inovação à sua aplicabilidade prática, através da vivência e da experiência de uma das mais criativas e inovadoras empresas do país. Pronto: a possibilidade de concretizar meu projeto estava consolidada.

Por que considero este livro inovador? A começar pela forma como foi concebido, dentro de um ambiente propício a novas ideias; segundo, por unir, de forma original, as duas antíteses do conhecimento: teoria e prática, muitas vezes em lados opostos, mas que aqui encontram uma harmonia perfeita; terceiro, pela metodologia como foi escrito, tanto por mãos acadêmicas, quanto por aqueles que literalmente "põem a mão na massa", bem aos moldes da Inovação Colaborativa.

Acredito fortemente que este livro será uma boa leitura para os amantes do conhecimento, mas também para colaboradores e gestores ávidos por conhecer os maravilhosos e às vezes desconhecidos caminhos da inovação. Espero poder contribuir para que mais e mais pessoas e empresas no Brasil possam criar e desenvolver projetos inovadores.

Wagner Padua Filho

PREFÁCIO DE MAURÍCIO MAGALHÃES

Eu sempre pensei que se um dia fosse escrever um livro, seria um livro "não técnico" sobre a atividade da comunicação. Hoje, as agências se formam em um mercado que é surpreendentemente brilhante pelos talentos, pela cultura de quem milita nele e pela enorme capacidade criativa, mas, por outro lado, é quase medíocre quanto à visão estratégica de toda uma cadeia de pessoas, inclusive de empresários que não conseguem compreender que ciclos não terminam no dia 31 de dezembro de cada ano, apenas em busca de uma meta.

Eu gostaria que todos pudessem refletir um pouco no andar de cima e pensar que tudo é conectado em um mundo maior. Mas na mediocridade estratégica desses militantes, cada um se julga possuidor da maior ou da melhor técnica, se considera o mais bem dotado possível, com o nome mais difícil ou mais moderno. Ou ainda, detentores de ideias inéditas e inovadoras, da grande descoberta do século, que no fundo é a reinvenção da mesma coisa, é mais do mesmo, se considerarmos os últimos 30 anos. Falo aqui do modelo mental e não da evolução tecnológica. Mas na verdade quem está mudando é sua senhoria, o cidadão, mudanças essas que são fruto de um cenário global em evolução e que traz enormes impactos e grandes transformações.

Imagine só se fôssemos aqui e agora tentar entender a cadeia produtiva de uma agência de comunicação como uma linha de fábrica, dividida em gestão, planejamento, criação, atendimento, pré-produção e produção. O princípio que rege cada "planta de fábrica" dessas é o mesmo. O mundo real é engraçado. Quando eu quero contratar um profissional para a área de planejamento ou de atendimento, muitas vezes ouço: "ah, mas esse profissional não é da área, não tem formação específica, não se adapta aqui". Ou seja, nosso mercado "carimba" em cada uma dessas pessoas um selo que, no meu olhar, vira *ad eternum*, quase um estereótipo. Só que todo mundo se esquece de que ninguém nasceu com um carimbo. Um profissional que hoje é diretor de planejamento, de criação ou de atendimento, não nasceu com uma placa pendurada no pescoço dizendo "esse cidadão será um diretor de atendimento *ad eternum*...".

Quando conheci o Professor Wagner Padua Filho – na verdade, nos cruzamos por caminhos pouco ortodoxos, como é a vida e o mundo dos negócios –, ele nos trouxe a proposta de escrever um livro sobre inovação em parceria com a TUDO. Parei e pensei que talvez estivesse ali uma grande oportunidade. Primeiro, porque o professor Wagner é qualificado em gestão. Mas o que me chamou mesmo a atenção foi o fato de ele ser uma pessoa sem carimbos. Afinal, começou sua vida como atleta (ele é ex-jogador de vôlei da Seleção brasileira), fez posteriormente uma brilhante carreira como médico cardiologista e, hoje, é um pensador em gestão respeitado no país e com conexões, inclusive com renomadas universidades americanas. Ele é, portanto, a tradução perfeita do DNA da TUDO e da minha própria história de vida. Durante nossas conversas sobre as empresas, mercado e consumidores, percebi que compartilhamos e concordamos com muitas visões. Inovação, marketing, comunicação são áreas muito próximas, pois estou convicto de que o que falta mesmo ao mercado de comunicação é visão crítica, pensamento estruturado e ações estratégicas realmente inovadoras e criativas. O mercado insiste em se reinventar em suas nomenclaturas, palavras e conceitos que carregam por trás de si um pseudomodernismo. Quando essa palavra inovação surgiu, eu tinha receio de estar diante de mais um conceito recheado de modismos, mas sem significado prático. Tinha medo dos gestores burocratas, com seu jeito de "inteligentes" e seus discursos recheados de palavras adequadas e que não entregam, apenas se apropriam de conceitos. Quando a proposta do livro de inovação nos foi apresentada, tive uma reação contrária e inevitavelmente me perguntei: será que eu estou surfando na onda da moda? Mas a força e a veemência com que o professor Wagner nos apresentou suas ideias e sua forma de traduzir o conceito de inovação me mostraram que eu precisava refletir. O ponto interessante e que dá sentido e razão a este livro é que no fundo ele reflete a tradução de uma história, de pessoas e de um pensamento inovador que já acompanha a TUDO desde o seu surgimento. São modelos diferentes e combinatórios de inteligências diferentes. Percebi finalmente que até poderia estar na onda da moda, mas que nós efetivamente entregávamos uma história. Afinal, porque um profissional com reconhecimento na área acadêmica e experiência em gestão, conhecedor de inovação, escolhe a TUDO como parceira desse projeto e não outras empresas ou agências com modelos já consolidados? Talvez seja porque ele obviamente enxergou aqui os fundamentos que tanto procurava, ratificando o que de fato ela é: uma agência que tem criado um modelo muito próprio, que chamamos de "modelo de futuro operando no presente". Então, acredito que a oportunidade que temos neste livro é a de carimbar, nesses 10 anos de nossa história, um pensamento inovador que faz parte do nosso DNA desde o primeiro dia. Além disso, aponta o nosso futuro, mesmo que outras palavras possam surgir ao longo do tempo.

Outro aspecto importante e que me atraiu profundamente foi o pedido de incluir no livro alguns casos de sucesso criados e executados pela TUDO que fossem efetivamente brasileiros. Nosso mercado tem o hábito de estudar o que se passa nas empresas estrangeiras, discutidas em Harvard ou no MIT, o que é extremamente válido. Mas acho que o Brasil tem que aprender a estudar suas próprias histórias de sucesso ou insucesso, com a inspiração de um país que é continental e consequentemente repleto de particularidades e diferenças.

Após uma ampla discussão sobre a inovação proposta a nós pelo Professor Wagner, estou convencido da sua importância e do quanto é necessário nos dissociarmos do conceito pré-estabelecido de que inovação é tecnologia, o último aplicativo, o *software* mais moderno. Inovação é na verdade um modelo mental de pessoas que hoje fazem as suas análises combinatórias fora da caixa e que geram resultados em escala.

Cito aqui um pensamento de um filósofo baiano, Manoel Joaquim de Carvalho Junior, que diz: "inteligência é igual a criatividade mais conhecimento; conhecimento é a capacidade de adquirir informações e dados formalmente e no observatório do cotidiano e arquivá-los em seu *"hardware"*; criatividade é a capacidade de dar soluções criativas a esse conhecimento adquirido". Esse é o DNA da inteligência, que é prima-irmã da inovação.

Finalmente, quero abordar algumas reflexões, desenhando um pensamento que começa talvez no ano em que nasci, nos idos da década de 1960, e que se estende até hoje, marcado pelas grandes mudanças ocorridas nesse período. Este livro é um prazeiroso convite a um debate intelectual inteligente, um "esquenta" de toda essa reflexão e modelo mental. Uma das coisas mais interessantes que clarearam muitos caminhos na minha vida profissional, especialmente no mercado onde atuo hoje, é me dar conta de que Cazuza não viu o telefone celular, Renato Russo não viu a internet e Usain Bolt não tirou *selfies* com as medalhas conquistadas nos últimos Jogos Olímpicos. Essa constatação é uma pílula da tônica deste livro, de que o mundo passa por importantes e profundas transformações e que certamente o que temos, vemos ou sabemos hoje pode não ter nada a ver com o amanhã. Tomando consciência da importância de se estudar a inovação e, mais do que isso, incorporá-la ao cotidiano de nossas empresas, é que temos a chance de entender quais são, de fato, os desafios da nossa indústria e do nosso país.

Maurício Magalhães
Presidente e Sócio da Agência TUDO

Com a colaboração de
Maurício Britto Magalhães
e *Virna de Araújo Miranda*

O VALOR DA INOVAÇÃO

As recentes transformações pelas quais o mundo e o Brasil vêm passando estão mudando a maneira de pensar e agir. Antigamente, a competitividade era mais equilibrada e as empresas se mantinham no mercado por muito mais tempo, com produtos e serviços que tinham um ciclo de vida mais duradouro. As ameaças das concorrentes eram melhor analisadas e previsíveis e, consequentemente, as estratégias de combate, mais administráveis. O ambiente regulatório, principalmente no Brasil, era caracterizado por um certo protecionismo governamental, que mantinha concorrentes externos relativamente distantes, aumentando as barreiras de entrada. A qualificação da mão de obra pouco preocupava, afinal, as universidades brasileiras eram suficientes para formar uma elite estudantil, com uma qualidade relativamente razoável, suficiente para ser absorvida por companhias que pouca diferenciação e especialização exigiam. Infelizmente, pouco se falava em talentos, pelo menos de forma ampla e aberta. Na verdade, em um cenário de pouca competição, não havia necessidade, nem tampouco estímulo, para que as empresas investissem em novos produtos e serviços, pelo menos não com a necessidade que temos hoje, como discutiremos mais a seguir. Tudo estava em equilíbrio: produção, trabalho, concorrentes, mercado e clientes.

Com o advento de dois grandes fenômenos sociais, a globalização e a internet, a sociedade mundial passou por importantes e profundas transformações sociais, que contribuíram de forma expressiva para criar uma nova forma de viver, novos modelos de comportamentos, diferentes correntes de pensamentos, novos parâmetros de referência. Essas mudanças foram influenciando os mais diversos setores da sociedade, as empresas, o mercado, o cliente. Primeiramente, a sociedade se tornou muito mais livre, aberta, democrática, reconhecedora e defensora de seus direitos, com um nível incrível de informação. O ser humano, como não podia ser diferente, passou a ser impactado por essas novas tendências e a incorporar novas atitudes, comportamentos, hábitos e costumes, que influenciaram seu novo modo de viver, de conviver com outras pessoas, de se relacionar com o trabalho e o lazer. A relação com o tempo também mudou. Agora, este é um importante atributo de valor. Assim como cada minuto passou a ser muito relevante, conveniência, praticidade e agilidade também estão na pauta do dia. Outro aspecto fundamental que caracteriza a sociedade do século XXI é a grande necessidade de comunicação e, conjuntamente, de trocar informações. Apesar de haver uma polêmica discussão no que tange à qualidade dessa informação e o quanto dela está efetivamente relacionada ao conhecimento, é fato que o mundo está muito mais informado. Os avanços tecnológicos e a internet foram vitais como ferramentas de difusão e facilitação desse processo. As pessoas não só estão cada dia mais dependentes da comunicação (pense o que é esquecer o celular em casa em um dia convencional de trabalho), como utilizam essas tecnologias para acessar notícias, fazer compras, administrar a vida pessoal, se relacionar com outras pessoas, buscar o que quer que seja na internet. As redes sociais, que inicialmente não passavam de um ambiente de entretenimento e troca de contatos, viraram um forte instrumento de relacionamento, não só entre pessoas, mas entre empresas e entre consumidores e empresas, pelo menos no curto prazo (também não podemos correr o risco de pensar como tudo isso será daqui a 5 anos).

Outro ponto de análise é a competitividade entre as empresas. Pouco importante no passado, ganhou no início do século XX novos contornos. Os ganhos de produtividade promovidos pela revolução na forma de produzir em escala, com o aperfeiçoamento da produção em linha de montagem (movimento conhecido como Fordismo), elevou o nível de concorrência ao extremo, sacrificando empresas que não foram capazes de produzir a baixo custo. A eficiência e a produtividade no chão de fábrica eram determinantes para a sobrevivência das empresas. Com o passar dos anos, novos instrumentos competitivos foram ganhando espaço, com destaque para a automação e, mais recentemente, a especialização no setor de serviços. A partir de agora, uma nova fronteira se abre. Uma nova corrente que seja capaz de diferenciar competidores torna-se necessária. A nova frente de batalha estará voltada para o mercado e para o cliente. Estamos falando da inovação. Nenhum outro tema vem sendo mais debatido e discutido, tanto no mundo corporativo quanto no acadêmico, do que a inovação. Diante disso, as empresas buscam caminhos e estratégias capazes de promover as mudanças organizacionais necessárias.

Estamos na era da Inovação

Nos últimos anos, tendências ou modismos são comumente exaltados pelo mundo empresarial, na busca de parâmetros ou caminhos a serem seguidos na direção do crescimento e do sucesso. Em algum ponto no tempo passado, a palavra de ordem era reengenharia. Em seguida, veio a gestão da qualidade total. Mais recentemente, a inovação tem estado no topo da lista. Alguns pessimistas pregam que o futuro da humanidade é incerto e que diante de um mercado saturado de produtos e serviços e perdido no meio de tantas mudanças, a inovação estaria esgotada e que está cada vez mais difícil inovar. Entretanto, o atual e inédito ritmo de transformação de nossa sociedade não aceita mais o uso de métodos clássicos e convencionais como parâmetros e referências de conduta. Se por um lado temos um cliente mais exigente e que muitas vezes nem sabe mais o que quer, diante de tantas ofertas dos mais diferentes e variados tipos, por outro lado teremos pela frente uma série de fatores que certamente impulsionarão como nunca a inovação. O conhecimento é vivo e ilimitado e a capacidade do ser humano de recriar seu mundo não pode ser negligenciada. Logo, a capacidade de inovar também é ilimitada e novos estímulos afetarão a forma de inovar. Estamos passando por um momento do desenvolvimento global caracterizado por uma explosão de ideias e descobertas. Nunca vivemos tempos tão propícios para a concretização de projetos ousados. Pare para pensar: nunca o mundo inovou tanto. Uma quantidade de inovação e de criatividade sem precedentes ajuda fortemente a solucionar grandes problemas, bem como a proporcionar grandes soluções para toda a sociedade. A ousadia deve prevalecer. Imagine como era o mundo há 10 anos e como ele está agora. Nossa vida mudou muito e mudará muito mais. Está mais do que na hora de abandonar o passado e pensar em como criar o mundo futuro que queremos. O potencial de novas tecnologias, o maior acesso aos bens de consumo, a forma como a internet e a conectividade amplificam e aceleram as infomações são alguns facilitadores desse movimento e oferecerão os instrumentos necessários àqueles que protagonizarão o futuro que está por vir. Países no passado acumularam riqueza replicando o que já estava feito. Hoje, há uma preponderância do ato de criar sobre o de copiar. Está chegando ao mercado uma nova geração de idealizadores, jovens nascidos na era da internet, tecnologia e conectividade, com visão empreendedora, capazes de assumir mais riscos. Para acompanhar a velocidade da inovação, novas atitudes serão necessárias, novas formas de tomar decisões, novos caminhos para se buscar o conhecimento, pensar e agir de forma rápida, sinérgica e transparente. O ritmo das transformações de hoje não aceita mais o uso de metodologias tradicionais. É hora de abandonar o passado e focar esforços e energia no que está por vir. Imagine constantemente como inovar deixando as vidas das pessoas mais felizes, ricas em novas experiências e emoções, mais divertidas. Procure ideias capazes de valorizar a família, a natureza e o meio ambiente, o ser humano em toda a sua plenitude. O mundo do amanhã está sendo desenhado hoje e nós somos os reais protagonistas dessa viagem.

Inovação: razões para otimismo
➢ Inovação e criatividade sem precedentes para resolver problemas
➢ Potencial de novas tecnologias
➢ Maior acesso aos bens sobre a propriedade desses bens
➢ Preponderância do ato de criar sobre o de copiar
➢ A internet e a conectividade amplificam e aceleram as informações

A responsabilidade da educação

Certamente, o setor educacional exercerá papel crucial nesse novo cenário de inovação. As dificuldades existentes na formação de nossos estudantes já são bem conhecidas. As escolas de ensino médio, sejam públicas ou privadas, com raras exceções, não conseguem preparar os jovens para as universidades com a devida competência. Também não há no país estímulo ao ensino técnico de qualidade, que efetivamente forme profissionais para o mercado de trabalho. O ensino superior no Brasil é, infelizmente, questionável em termos de qualidade e estrutura física e tecnológica, além de ainda utilizar metodologias conservadoras e muito distantes das reais demandas do mercado. As universidades públicas são reféns de políticas internas, da estrutura deficitária e dos baixos recursos financeiros. Os poucos talentos existentes sofrem com os baixos salários e com o desestímulo ao desenvolvimento acadêmico. As universidades privadas, dominadas por grandes grupos empresariais de ensino, têm um foco preocupante no lucro, no ganho de escala e na baixa remuneração do corpo docente, que por sua vez possui em geral pouca formação acadêmica e limitada atividade científica. O resultado são alunos egressos mal preparados sob todos os aspectos: técnico, acadêmico e humano. O título, o papel, está na mão, mas as habilidades e competências esperadas não o acompanham. Esse cenário é preocupante. A quem realmente interessa a qualidade da educação? Às escolas privadas, controladas por grandes grupos financeiros, com ações em bolsa de valores e que precisam gerar lucro imediato a seus acionistas? Às escolas públicas, sempre dominadas por múltiplos interesses, vaidades acadêmicas, professores defasados e mal remunerados? Não há dúvida de que o sistema educacional brasileiro vive o conflito entre o lucro, a qualidade e o interesse político.

Uma das discussões mais relevantes refere-se às questões metodológicas do ensino. Temos uma metodologia conservadora, ainda presa a modelos do passado, com pouca abertura a iniciativas inovadoras. É dada muita ênfase à memorização, à demonstração do fato em si, com alguns poucos momentos de estudo de compreensão e entendimento e, menos ainda, de aplicação do fato estudado na realidade prática. E olha que estamos ainda longe de etapas mais complexas do aprendizado, onde as visões crítica e analítica são desenvolvidas para estimular correlação e a interpretação das situações sob diversos ângulos para finalmente despertar a criatividade e a inovação. Estamos longe disso...

Não podemos esquecer do conceito mais abrangente da educação e das suas interfaces com o conhecimento e a inovação. A família precisa exercer seu papel em transmitir valores morais e éticos, princípios de cidadania e de boas relações dentro da sociedade, com as compreensíveis conexões com o ensino religioso (independentemente da crença). Deve ainda incentivar a formação múltipla em outras habilidades, como música, esporte, literatura e respeito ao meio ambiente. Finalmente, se faz necessário um esforço da escola e da sociedade em geral em difundir os direitos e deveres dos cidadãos, suas relações com o poder (através das ciências políticas) e com a lei.

Por essas e outras dificuldades em encontrar e recrutar talentos que as empresas buscam hoje novos mecanismos de capacitação, treinamento e educação corporativa. Estas acabarão por assumir, de vez, a responsabilidade em formar a sonhada mão de obra de qualidade, tão vital para o crescimento sustentável e fundamental para que a inovação possa concretamente alavancar projetos e produtos de sucesso.

Segundo Alex Anton, em recente artigo publicado na *Harvard Business Review*, em 2014, não basta mais ir para a melhor universidade, tirar as melhores notas, entrar na melhor empresa ou ser promovido ao melhor cargo. A tendência atual, o ideal mesmo, é que o profissional desenvolva habilidades para ser mais criativo, buscar soluções novas para problemas novos, ter sede por aprender através de canais alternativos e ter uma forma inovadora de raciocinar, agir e solucionar problemas.

A mudança da cultura

Uma empresa que se propõe a ser inovadora precisa, antes de mais nada, ter a inovação "correndo nas veias". A inovação precisa estar impregnada nas ações, opiniões e comportamentos dos colaboradores e na busca incessante por oferecer as melhores soluções a seus clientes. Partindo do princípio de que a inovação é necessária nos dias de hoje, que sem ela as empresas dificilmente continuarão vivas e rentáveis no futuro, então por que não implantá-la imediatamente? Por que não transformar sua empresa hoje mesmo?

Se a pergunta parece óbvia, a resposta não é tão simples. Mudar a cultura de uma empresa é uma das tarefas estratégicas mais árduas. A cultura é um ser intangível, ninguém a conhece pessoalmente, apesar de ser muito famosa na empresa. Ela participa das principais reuniões, se envolve nos processos e ajuda na tomada de decisões. É participante de primeira grandeza no desenvolvimento do plano estratégico e administra como ninguém os recursos humanos e financeiros da companhia. Dá para perceber que, com esse poderio todo, mudá-la não é fácil. A mudança de uma organização tradicional e conservadora, presa aos modelos do passado e com boa aversão ao risco para um perfil de inovação, requer um trabalho complexo que deve começar na alta cúpula. É importante munir presidente e diretores da maior quantidade de informações possíveis sobre inovação, tanto acadêmica, quanto de mercado. Conceitos, metodologias e técnicas devem ser amplamente dicutidos e apresentados. Estudar casos de sucessos e fracassos em outras companhias dará uma perspectiva real de como a inovação está sendo utilizada. Quero dar uma grande ênfase em analisar casos de fracasso, porque felizes são aqueles que aprendem com a experiência dos outros, sem necessariamente ter que passar por elas. A partir de um conhecimento inicial, deve-se debater as possibilidades de como aplicar a inovação dentro da empresa, no desenvolvimento de novos produtos e na melhoria contínua dos processos internos. A participação de consultores externos pode ser útil, pois oxigena as ideias, já que eles detêm bom conhecimento técnico no tema e trazem experiências externas de sucesso.

A partir de um trabalho de conscientização do alto comando, a inovação passa a ser difundida para toda a empresa. Nessa etapa, as lideranças pessoais da presidência e dos diretores têm papel crucial, não só pela óbvia influência motivacional que exercem, mas também para transmitirem os novos objetivos e metas estratégicas e a nova maneira de conduzir os processos internos. As reuniões de grupos e setores devem ser estimuladas, sempre lideradas por facilitadores previamente preparados para replicar a cultura da inovação.

Algumas premissas relacionadas à cultura organizacional são importantes, fortalecem e servem de base para a construção de fundamentos sólidos para a consolidação da cultura da inovação. Uma delas está relacionada ao que chamo de "pensar grande". Em nosso país, salvos raras exceções, costumamos ter uma visão restrita, pequena, limitada no que tange ao nosso potencial empresarial. Nossa visão míope, talvez fruto de um passado histórico de um país colonizado e acostumado a estar à margem do desenvolvimento mundial, influencia as decisões e consequentemente os resultados. Por isso, sempre olhamos para o que se faz de bom nos Estados Unidos, Europa ou Japão e rapidamente nos propomos a copiar ou adaptar ao nosso mercado. Não acreditamos que podemos seguir o caminho contrário, criar inovações que possam impactar o mercado do primeiro mundo (ver Inovação Reversa). Se quisermos ser algum dia um país próspero, que almeja posições de destaque no cenário internacional, precisamos rapidamente mudar nossa forma de pensar. Empresários e gestores precisam ter a coragem de pensar grande, de acreditar em nosso potencial, de tomar as decisões na direção certa, determinar metas mais agressivas. Ampliar os horizontes e enxergar o mundo do tamanho que ele é, com as dificuldades existentes, claro, mas com as oportunidades que ele oferece. Durante a campanha eleitoral presidencial dos Estados Unidos, o Partido Democrata criou uma frase que se tornaria lema do então candidato Barack Obama: "yes, we can!" (sim, nós podemos!). Digo sempre que essa frase deveria ser muito mais dita nos corredores das nossas empresas do que na mídia eleitoral americana. Acreditar que "sim, nós podemos" criar e desenvolver inovação em nosso país, que somos capazes de mudar a história de muitas empresas, trazendo resultados consistentes para a nossa sociedade e para o mundo como um todo.

Birkinshaw e colaboradores publicaram em 2011 algumas práticas de vanguarda em gestão da inovação que comprovadamente contribuem para a inovação sustentável. São elas:

1. Compreensão compartilhada: inovação sustentada é um esforço coletivo construído no sentido de entender como a inovação está sendo consolidada no presente e no futuro. Relaciona-se ainda ao fortalecimento de uma cultura de apoio à inovação, não só comemorando sucessos, mas também aceitando fracassos.

2. Alinhamento: as empresas precisam saber lidar com as barreiras estruturais e alinhar seus sistemas e processos.

3. Ferramentas: os funcionários precisam de treinamento, não só sobre os conceitos específicos, mas também das técnicas e modelos, para que possam inovar.

4. Diversidade: inovação requer um certo grau de conflito e de atrito. Oxigenar a empresa com pessoas de fora da organização, seja através de novos colaboradores, ou mesmo por consultores especialistas externos, fornecedores ou clientes, pode ser muito útil. Outro aspecto interessante seria envolver um número maior de pessoas e colaboradores, internos e externos, em grupos de trabalho, que podem ajudar a desencadear novas ideias.

5. Interação: as organizações precisam estabelecer fóruns, encontros externos e eventos para ajudar os funcionários a criar redes e proporcionar oportunidades de intercâmbio.

6. Folga: os funcionários precisam de algum tempo livre de suas atividades regulares para experimentar e desenvolver novas ideias.

Mas o que é Inovação?

Conceituar inovação não é uma tarefa simples. Inúmeros autores enfatizam diferentes aspectos e aplicações, mas certamente são unânimes em um ponto: a oferta de algo novo, com uma consequente melhoria. O ambiente de mudança funciona como terreno fértil e motivador. Mais recentemente, uma outra abordagem vem ganhando cada vez mais adeptos: a da necessidade de se obter resultado. Esta última se baseia no fato de que a inovação só será realmente uma inovação se for capaz de trazer resultados. Caso contrário, estaria mais no campo da invenção, ou seja, algo que aparentemente é novo mas que não traz, na prática, resultados concretos, principalmente financeiros. Aqui, justamente nesse ponto específico, procuro expandir um pouco mais o conceito de inovação, não restringindo-o apenas ao resultado financeiro, mas ampliando-o a toda a empresa, cliente, mercado e à sociedade como um todo. Claro que, no final, tudo chegará nos ganhos financeiros. Mas me preocupo com a ênfase excessiva no dinheiro, sob pena de deixar passar importantes avanços no campo da sustentabilidade, da melhoria de qualidade de vida, do bem-estar e da felicidade humana. Assim, proponho como conceito de inovação, conforme já descrito no livro de minha autoria *Inovação e Gestão do Conhecimento*, da coleção FGV Management:

> "Inovação é a introdução de uma ideia, produto, modelo de negócio, capaz de gerar melhorias com resultados para a empresa, e/ou cliente e/ou sociedade."

Outros autores assim descrevem inovação:

> "Invenção e descoberta se caracterizam apenas pela aquisição de conhecimento; inovação traz um novo desempenho econômico em uma empresa."
>
> Peter Drucker (2003)

> "Novas ideias que são desenvolvidas e implementadas para atingir resultados desejados, por pessoas que se empenham em transações (relações) com outras, para mudar contextos institucionais e organizacionais."
>
> Davila e colaboradores (2007)

Um outro aspecto importante e que está relacionado ao conceito de inovação é o paradigma de se achar que a inovação está condicionada a algo novo, inédito, que nunca tenha sido visto, feito, produzido ou oferecido por alguém. É fundamental quebrar esse preconceito, pois o conceito de novo ganha aqui uma aplicação extremamente mais ampla. Tudo o que for novo para um setor do mercado, um segmento ou uma empresa, e que traga resultados concretos, que mude a maneira como as coisas funcionam, traga uma vida melhor para as pessoas, poderá ser considerado sim uma inovação, mesmo que já tenha sido aplicado ou visto em outros mercados, países ou organizações.

Inovar vale a pena

Mostrar que qualquer empresa pode ser inovadora e que inovar vale a pena talvez sejam dois dos maiores objetivos deste livro. Com a competitividade crescente entre as empresas e com um mercado cada vez mais exigente, inovar passa a ser a principal saída. Estudos têm demonstrado que empresas inovadoras podem se valorizar mais do ponto de vista financeiro, ter sua marca mais bem reconhecida pelo mercado e obter maiores vantagens competitivas quando comparadas às suas concorrentes. Em estudo publicado no *MIT Sloan Management Review*, em 2011, Weill, Malone e Apel mostram que empresas que utilizam modelos de negócios baseados em inovação e propriedade intelectual são mais valorizadas pelo mercado financeiro. Segundo a Bloomberg, a inovação pode ser mensurada por sete fatores: os três mais relevantes são a intensidade de pesquisa e desenvolvimento, a densidade de alta tecnologia em seus negócios e a produtividade. Em seguida, outros fatores ainda são destacados, como o grau de concentração de cientistas e pesquisadores em seus quadros, a capacidade manufatureira da empresa, a quantidade de colaboradores com nível superior de formação profissional e a quantidade de patentes desenvolvidas.

Estudo de caso: TUDO e Itaú – uma parceria para mudar o mundo

O Itaú é um dos principais clientes da TUDO. A relação entre o banco e a agência começou em 2008, quando a TUDO foi convidada para planejar o evento que marcaria a fusão do Itaú com o Unibanco. A ideia do cliente era um evento extremamente simples, que teria por objetivo apenas comunicar ao mercado a fusão das duas marcas. Porém, na visão da TUDO, essa era uma excelente oportunidade para elevar a autoestima dos executivos de duas das mais importantes instituições financeiras do país. Propôs então criar um grande evento de celebração, onde os líderes pudessem se conhecer, trocar experiências e, principalmente, compreender o novo momento e quais seriam as diretrizes e metas dessa aliança que estava se formando. O "Encontro entre Líderes", como foi batizado, reuniu 14 mil pessoas, em dois dias de evento. Era uma desafio para gente grande, mas a TUDO encarou a missão e conseguiu não só ser uma das protagonistas desse marco na história do Itaú, como transformar o "Encontro entre Líderes" em um evento de calendário, que passou a reunir anualmente 800 pessoas.

A criação desse produto, que gerou relevância e valor em um momento tão estratégico para o Itaú, foi o ponto de partida para a construção de uma relação duradoura baseada na confiança e no profundo respeito pela visão diferenciada da TUDO, que demonstrou ser mais que uma simples "produtora de eventos". Desde então, a TUDO ocupa uma posição importante nos desdobramentos da comunicação do Itaú com seus diversos públicos. Além de ser a responsável por grande parte de seus eventos internos e institucionais, dentro e fora do Brasil, a agência também está por trás de ações de ativação em grandes eventos patrocinados pela marca, como Copa do Mundo, Carnaval, Rock in Rio, Flip, Fliporto, Festival de Dança de Joinville, Festival de Teatro de Curitiba, e tantos outros.

Desde o início, a TUDO abraçou com vontade a parte que lhe cabia no grande desafio de transformar uma imagem carregada de preconceitos por pertencer ao mundo das instituições financeiras em uma das marcas mais admiradas do Brasil por sua contribuição na transformação social e cultural que o país tanto urge.

Criado pela África, agência também pertencente ao Grupo ABC, responsável pelas estratégias de posicionamento e pela propaganda do Itaú, o slogan "feito para você" já expressava a vontade do banco de se aproximar cada vez mais de seus clientes, proporcionando-lhes uma experiência que fosse além da simples oferta de produtos e serviços financeiros, e sim oferecendo soluções e benefícios que pudessem melhorar a vida das pessoas. Essa diretriz claramente estabelecida tem ajudado o Itaú a fazer as escolhas certas, como abraçar a plataforma da cultura brasileira. Em 2010, por exemplo, o lançamento da campanha "50% de desconto" em cinemas, teatros e atividades de lazer deu início ao objetivo de aumentar a acessibilidade à cultura no país.

Nessa trajetória, para a TUDO coube a missão de transmitir esse DNA do compromisso pela transformação nos eventos realizados ou patrocinados pelo Itaú. Essa tarefa nunca foi fácil, mas sempre foi encarada com criatividade e inovação. O desafio é antecipar o futuro, para acompanhar o posicionamento do Itaú de ter o olhar sempre à frente. Um case que ilustra bem de que forma a TUDO aplica de forma prática essa filosofia são as ativações realizadas durante o Rock in Rio, um dos maiores eventos de música do mundo, que passou a ser patrocinado pelo Itaú desde que voltou a ser realizado no Brasil, em 2011.

O Rock in Rio marcou a história da geração da década de 1980. Criado no Brasil, o festival de música se tornou emblemático, reunindo os maiores nomes do rock brasileiro e internacional para plateias que chegaram a reunir 250 mil pessoas em um dia. Em 2004, o RIR migrou para a Europa, deixando milhares de brasileiros "órfãos" por uma longa década. O retorno do festival para o Brasil causou tanta comoção e expectativa que a edição de 2011 esgotou a venda de 700 mil ingressos em quatro dias. O Itaú foi uma das marcas que rapidamente abraçaram o Rock in Rio, comprando uma das principais cotas de patrocínio do evento. A equipe da TUDO mal coube em si de tanta empolgação quando soube que seria a responsável por criar a estratégia de visibilidade do Itaú no festival.

Foi criada então uma verdadeira operação SWAT: um "esquadrão de elite" foi reunido para cuidar do planejamento e criação das ações que o Itaú realizaria no RIR. O grupo se trancou por dias e noites em uma sala, virando e revirando de cabeça para baixo as ideias, pensamentos e caminhos que poderiam ser adotados. A estratégia tinha que ser matadora, à altura do desafio proposto. O grande *insight* veio de uma constatação bem simples: enquanto todas as marcas que patrocinam esse tipo de evento geralmente usam o espaço de ativação para fazer ações de relações públicas para meia dúzia de clientes e funcionários da própria empresa, o Itaú focaria um público um pouco maior: as 700 mil pessoas que frequentariam o Rock in Rio nos quatro dias do festival.

A partir desse foco, foram criadas ações de grande impacto, como uma roda gigante e elevadores que levavam as pessoas para o alto, proporcionando uma visão única da imensidão da cidade do rock.

Dentro da caixa que deu vida ao *stand* o Itaú ofereceria serviços e experiências para serem vividas pelo público, que formou longas filas para tirar fotos 180° postadas em redes sociais, guardar objetos e bolsas e carregar celulares. O ano era 2011, mal se falava em compartilhamento em redes sociais, mas a TUDO, com seu olhar visionário, criou para o Itaú uma pulseira de RFID (Radio Frequency Identification, ou Identificação por Radiofrequência). Com essa tecnologia de identificação que utiliza a radiofrequência para capturar dados que podem ser compartilhados, até então pouco conhecida, a pulseira criada pela TUDO permitia que o visitante compartilhasse em suas redes sociais fotos e vídeos de todas as atividades experimentadas por ele dentro do stand do Itaú. Além da enorme visibilidade para a marca junto ao público jovem frequentador do Rock in Rio, a pulseira de RFID permitia a reverberação das experiências de forma exponencial para as redes de relacionamento de todos os que passavam pelas ações.

Na edição seguinte, em 2013, era preciso dar mais um passo. Foi a vez de a biometria ser adotada para o compartilhamento de experiências. A tecnologia que permite a identificação de dados pessoais a partir da impressão digital começava a ser implantada pelo Itaú para dar mais segurança às transações de seus clientes. Então, por que não usá-la de forma pioneira e divertida para interagir com o público do Rock in Rio, gerando uma ligação subconsciente com a marca? A pulseira de RFID, que tanto sucesso fez em 2011, não foi dispensada, mas sofreu alterações. Passou a ser laranja, reforçando a identidade visual do Itaú, e ganhou uma luz de LED. O *upgrade* fez com que a pulseirinha do Itaú virasse febre, transformando-se em verdadeiro objeto de desejo do público do festival. Mais que isso, a imagem de milhares de mãos para o alto com uma luz piscando e formando um mar "alaranjado" acabou por se tornar uma ação de guerrilha, propagada para todo o Brasil, uma vez que o evento foi transmitido ao vivo pela televisão. Um detalhe interessante é que o próprio Rock in Rio passou a adotar a tecnologia RFID na edição de 2013, dois anos após a inovação ter sido introduzida no evento pelo Itaú e pela TUDO.

Outra plataforma adotada pelo Itaú que está fortemente atrelada ao conceito de sustentabilidade, importante valor da marca, é a das bikes. Aos moldes europeus, o Itaú foi pioneiro em trazer para o Brasil a proposta de estimular a mobilidade urbana por meio de bicicletas, visando difundir hábitos saudáveis na população, melhorar a qualidade de vida nas grandes cidades e diminuir o uso de automóveis, que causam congestionamentos e poluição. E claro, aproximar a marca de tudo isso. Assim nasceram as dezenas de postos espalhados inicialmente pelas cidades de São Paulo e Rio de Janeiro, onde a população poderia retirar uma bicicleta, andar pelo tempo que quisesse, e entregar em qualquer outro posto que fosse mais conveniente. Hoje, as "Laranjinhas do Itaú", como ficaram conhecidas, podem ser vistas por várias cidades do Brasil, como Belo Horizonte, Recife, Salvador, Porto Alegre e outras mais que virão em breve. Para lançar o projeto em cada uma dessas cidades, a TUDO criou o "*Bike Game*", um aplicativo onde a pessoa senta virtualmente na bicicleta do Itaú e é instruída sobre boas práticas de trânsito para os ciclistas, como respeitar a sinalização, não andar sobre calçadas, respeitar o pedestre, dentre várias outras orientações educativas. A próxima etapa da plataforma de bikes do Itaú é atingir o público infantil. Para isso, a TUDO produziu em 2015, também de forma pioneira, uma ciclofaixa exclusiva para crianças em pleno carnaval de Salvador, onde os ciclistas mirins puderam ser iniciados no universo das bicicletas, recebendo aulas de como pedalar com segurança.

Mas foi durante a Copa do Mundo de 2014 que a já exitosa parceria entre a TUDO e o Itaú se consolidou ainda mais. As inúmeras ideias inovadoras e criativas propostas pela agência e abraçadas pelo cliente fizeram com que a marca Itaú se tornasse uma das mais lembradas pelos brasileiros durante o mundial. A ação de maior visibilidade foi a da "Bola da Batida do Coração", criada pela TUDO e adotada como estrela principal da campanha desenvolvida pela África e veiculada em todo o Brasil. Por meio de uma tecnologia especialmente desenhada para esse fim, a bola captava as batidas do coração de todas as pessoas que a seguravam. A bola circulou por todas as cidades-sede da Copa, registrando as batidas que eram acumuladas e somadas, formando um gigantesco placar nacional da emoção do brasileiro ao assistir a Seleção defender o país em campo.

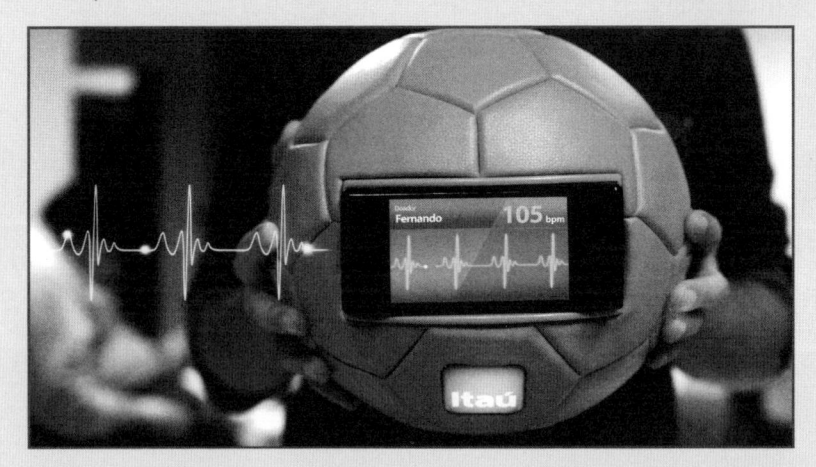

Para interagir com o público que foi aos estádios, o Itaú contou com *stands* em forma de caixa surpresa, onde o torcedor entrava e saia transformado em "fã". Já nas "fanfests" foi criado o banco dos torcedores, uma espécie de brinquedo de parque de diversões, onde as pessoas poderiam se divertir e ter uma visão privilegiada da festa, além de arriscar a sorte de sentar em um dos bancos premiados com bilhetes de última hora para assistir aos jogos.

Mas uma das principais conquistas da TUDO na Copa do Mundo do Itaú veio de uma adversidade. O banco possuía alguns "*meeting points*", lugares criados para receber e atender clientes estratégicos para assistir aos jogos como convidados do Itaú. Inicialmente, a ação seria conduzida por outra agência, porém a TUDO acabou sendo convocada de última hora para ajudar na operação, que se mostrou complexa e delicada. Sem pensar duas vezes, a agência disponibilizou uma equipe dedicada para apoiar o Itaú e assumir o comando, revertendo os problemas e deixando o cliente aliviado e extremamente grato com o comprometimento. Ana Paula Pimentel, diretora de atendimento de *live marketing* e uma das líderes diretamente envolvidas com a conta do Itaú, expressa a relação do banco com a TUDO da seguinte forma: "Nós nos sentimos parte do Itaú, lutamos por qualquer coisa como se fosse pra nós. Há uma vontade excepcional e extraordinária de fazer acontecer de forma muito única, especial, como se fosse para nós mesmos. O resultado dessa nossa relação fez isso: trabalho e paixão unidos no mesmo ideal. Nada pode dar errado, eu sofro e vibro com as vitórias e derrotas. Eu faço parte desse banco".

Referências

ANTON, Alex. *Harvard Business Review*, jan. 2014.

BIRKINSHAW, Julian et al. The 5 myths of innovation. *Mit Sloan Management Review*, Winter 2012.

DAVILA, Tony; EPSTEIN, Marc J.; SHELTON, Robert D. *As regras da inovação*. Porto Alegre: Bookman, 2007.

DRUCKER, Peter. *Inovação e espírito empreendedor*: práticas e princípios. São Paulo: Pioneira Tompsson Learning, 2003.

WEILL, Peter; MALONE, Thomas W.; APEL, Thomas G. The Business Models Investidors, *Mit Sloan Management Review*, v. 52, nº 4, Prefer., Summer 2011.

Com a colaboração de
Rodolfo Barreto

O processo da criação vem instigando pesquisadores, cientistas, pensadores e artistas há muitos séculos. Desvendar os segredos da criatividade é um dos maiores desafios da psicologia e das neurociências. Do ponto de vista etimológico, as palavras *criar* e *criatividade* estão relacionadas ao termo grego *"greer"*, que significa "fazer, produzir", e ainda à palavra em latim *"crescere"*, que significa "crescer". Quando analisamos a origem da palavra, relacionamos criatividade com um forte impulso em realizar, agir e fazer. Criatividade é um fenômeno complexo e que envolve uma série de facetas relacionadas a uma interação dinâmica entre elementos relacionados ao ser humano, como características da personalidade e habilidade de pensamento, e também ao ambiente no qual a pessoa está inserida, ao clima psicológico vigente, aos valores e regras culturais e às oportunidades para a expressão de novas ideias. Na verdade, a criatividade envolve uma complexa série de fatores conscientes e inconscientes, racionais e emocionais, que fazem interagir o concreto e o abstrato. É uma dualidade, um pensar diferente, divergente ou oposto. São caminhos distintos quando colocamos um fato presente, concreto, lógico e possível *versus* a imaginação e o pensamento abstrato, a hipótese e o futuro.

Diversas correntes de pensamento concordam que todo ser humano é criativo e pode moblizar seu potencial latente. A criatividade é constante e se encontra no cotidiano das pessoas, podendo ser despertada e mobilizada, mediante diversos estímulos.

Tudo começa na infância

Quando nascemos, a habilidade de sermos criativos já está latente em nosso cérebro. As crianças vivem no mundo dos sonhos, da fantasia. A imaginação infantil viaja por mundos que não existem, mas que são capazes de dar asas ao nosso pensamento. Nessa fase da vida, fazemos perguntas bizarras, queremos saber de tudo, como funcionam e para que servem as coisas. Isso seria extremamente importante para fomentar e consolidar o processo criativo se não fosse a postura formal, crítica e limitada de nossa sociedade. A educação formal dos pais muitas vezes limita a criatividade. As perguntas são consideradas tolas e reprimidas imediatamente. Os sonhos são quebrados e transformados em reais, trazidos para o mundo de verdade, o que acaba por sufocar todos esses impulsos. Crescemos moldados aos preconceitos sociais, ao juízo alheio, à repressão, o que nos torna, inevitavelmente, mais cautelosos e analíticos. Com o passar dos anos, vamos reprimindo nossas ideias e opiniões criativas por medo de sermos julgados pelas pessoas que nos cercam. Parece que o certo é ser "normal", com pensamentos e ideias convencionais, que estejam dentro dos esteriótipos da sociedade e respeitem os valores clássicos e tradicionais.

Para mudar isso, dois autores, Tom Kelley (gerente-geral da IDEO e autor do livro *As 10 Faces da Inovação*, Rio de Janeiro: Campus, 2007) e David Kelley (fundador da IDEO e do Hasso Plattner Institute of Design, Faculdade de Design da Stanford University, nos EUA) defendem que está mais do que na hora de voltar ao passado e recuperar nossas habilidades criativas. Em artigo publicado na *Harvard Business Review*, em 2012, eles revelam algumas estratégias para desbloquear o medo de ser criativo que por tanto tempo predominou em nossa mente, fruto dos entraves do passado. Tudo começa com o enfrentamento, dividindo o desafio em pequenas partes, para em seguida adquirir confiança com a superação sucessiva de cada uma delas. Para ser criativo é preciso praticar. Não se pode confiar apenas no dom com que nascemos. No começo, tudo pode parecer estranho, meio difícil e desconfortável, mas com o passar do tempo a confiança volta e as ideias começam novamente a brotar de forma livre e fluida, sem amarras. Assim, os autores propõem:

1. **Perca o medo do desconhecido**. Temos uma forte tendência de nos acomodar diante do conhecido, do previsto. A conhecida zona de conforto fala sempre mais alto. Esqueça isso. Saia de casa ou de sua empresa, converse com outras pessoas, enfrente o "novo". O mundo exterior é confuso, caótico, cruel, mas é preciso lidar com ele, com os fatos inesperados, com a incerteza, com gente irracional que diz coisas que você não quer ouvir. Mas é justamente aí que vão surgir os *insights* criativos. Essa experiência de busca do desconhecido, mesmo que aleatória e sem nenhum objetivo aparente, pode abrir sua mente a novas informações que serão muito úteis para descobrir um mundo diferente, fora de seus padrões. Assim, você não terá mais que ficar repetindo conceitos ou concordando com as opiniões de outras pessoas. Você passará a ter seu próprio julgamento crítico da realidade.

2. **Não tenha medo de ser julgado**. Esse medo da opinião alheia que se instala na escola pode, muitas vezes, tolhir o avanço pro-

fissional da pessoa. Fique atento à autocensura, para não correr o risco de descartar ideias potencialmente originais por medo de que alguém possa julgá-lo ou vá testemunhar seu fracasso. Pare de se julgar. Ouça sua intuição e dê vazão às suas ideias, sejam elas boas ou ruins. Isso significa que você já está progredindo na superação desse medo.

3. **Não tenha receio de dar o primeiro passo.** Mesmo quando temos uma ideia criativa, iniciarmos o processo é a parte mais difícil e desafiante. Por isso, "pare de se preparar e entre em ação". Mas não saia fazendo tudo de uma vez. Vá por partes, pois o primeiro passo vai parecer muito menos intimidador se for pequeno e se você se obrigar a dá-lo já.

4. **Não fique sozinho.** Ter confiança não significa achar que somente suas ideias são boas. Muitas vezes precisamos ter a serenidade de reconhecer que nossas ideias não são as melhores naquele momento e que talvez ouvir e compartilhar possa ser uma estratégia interessante. Outras pessoas poderão ter muito a acrescentar e contribuir. Compartilhar ideias e projetos pode, a princípio, parecer perda de controle, mas no fundo significa muito para a criatividade. Busque oportunidades de ceder o controle e explorar perspectivas distintas.

Como nascem as ideias?

A criatividade está relacionada ao lado direito do cérebro que processa as informações. Nessa região cerebral convergem o raciocínio holístico, o intuitivo, o sintetizador e o subjetivo. É nessa área que os estímulos sensoriais e emocionais são recebidos. Por sua vez, o lado esquerdo do cérebro é mais racional, prático, lógico, analítico e objetivo. Para desenvolver a capacidade de gerar novas ideias, é preciso provocar hábitos criativos e trabalhar mais o hemisfério direito da mente, buscando mais conexões com a emoção ou com aspectos lúdicos como o desenho ou a música, por exemplo.

Mas como identificar se uma ideia é realmente criativa? Você pode desconfiar que está diante de uma grande ideia quando:

1. Ela parece inicialmente ridícula. Isso ocorre porque as grandes ideias que efetivamente mudarão o mundo são inadaptadas para a forma de pensar atual.

2. Ela causa um sentimento de desconforto, pois tudo o que é desconhecido e diferente nos causa um sentimento de desconfiança.

3. Ela gera prejulgamentos, porque ideias criativas têm relação com os preconceitos.

Os *insights* nascem no giro temporal superior anterior, no hemisfério direito do cérebro. Os impulsos surgem alguns segundos antes de se tornarem conscientes. Os momentos de *insights* costumam ser antecedidos por atividades descompromissadas, por momentos de distração e descontração. Além disso, só faz sentido usar a criatividade para mudar algo. E isso só se justifica se a pessoa está insatisfeita com o modo como as coisas estão. Por isso, a frustração surgida de um grande esforço é uma etapa essencial para o processo criativo. O psicólogo Mark Beeman diz que "o processo criativo aparece de repente, após as pessoas terem feito um grande esforço sem chegar a lugar nenhum". Os *insights* podem contar ainda com a ajuda de outras pessoas que estão fora do problema e que podem enxergar melhor as soluções. Para isso, envolva na equipe colaboradores que não atuem necessariamente na área específica onde o processo criativo está sendo desenvolvido. Os externos funcionam como um oxigênio extra, vital e nutritivo ao *brainstorming*. É importante ainda estar preparado para receber o *insight*, pois ele pode surgir a qualquer momento. Logo, esteja sempre atento para captá-lo e documentá-lo. Finalmente, é relevante ressaltar que quem convive próximo a ambientes inovadores, a pessoas talentosas e a atmosferas ricas em experiências e conexões tem maior poder de criar e inovar.

Segundo Shelley Carson, da Universidade de Harvard, é possível estimular os *insights*. O primeiro passo é identificar e entender qual o problema que precisa ser resolvido. A partir daí, esses problemas podem ser de três tipos. O primeiro envolve os problemas relacionados à razão, onde a solução geralmente é única e envolve um ponto final como solução. Para solucioná-lo, deve-se usar o raciocínio lógico. Como exemplo, citamos o equilíbrio entre custos e despesas. O segundo está relacionado aos problemas chamados de não razoáveis, onde as questões também têm um único ponto final como solução, mas não existe um mapa ou regra de como chegar lá. Aqui, será mais do que necessário ter um *insight*. O exemplo seria como descobrir uma charada. Finalmente, temos os chamados problemas abertos, sem estrutura, que envolvem questões que têm mais de uma solução possível. Nesse caso, será necessário um tipo de pensamento divergente, capaz de gerar muitas ideias. O exemplo é o que acontece com um autor ao escrever uma música ou um poema. Segundo o psicólogo Howard Garder, "a criatividade não é um processo acidental ou ato de motivações inconsciente. Os indivíduos criativos são animados e incentivados pela resolução de problemas, filtrando todas as variáveis do ambiente e focalizando nas informações favoráveis para uma solução ou conclusão bem-sucedida. A afinidade com determinados temas desperta a curiosidade do indivíduo, que na busca pela compreensão encontra prazer em descobrir novas informações e em resolver problemas". Segundo Tereza Amabile, professora da Universidade de Harvard e uma das maiores especialistas no assunto, a criatividade tem alguns ingredientes básicos: expertise, motivação e pensamento criativo. Assim:

1. **Habilidades de domínio:** são habilidades desenvolvidas por alguém que se torna especialista em um campo. Para ser um engenheiro mecânico criativo, é preciso primeiro dominar os fundamentos da disciplina.

2. **Habilidades de pensamento criativo:** incluem busca por novidade e diversidade, ser independente, ser persistente e ter altos padrões.

3. **A motivação intrínseca:** implica em que as razões para fazer as coisas venham de dentro, relacionadas à paixão e ao prazer, e não como resultado de demandas externas, pressões ou recompensas.

Se para muitas pessoas uma ideia pode ser considerada comum, para outras ela pode ser algo muito original. Aliás, a liberdade de pensamento, a livre possibilidade de associação de algo que aparentemente é desconexo ou improvável pode determinar ideias muito criativas. A regra é que, até que se prove o contrário, qualquer coisa pode ser associada a outra e, portanto, não reprimir nenhum pensamento pode ser uma excelente tática para se ter boas e criativas ideias. Outro ponto importante é que as ideias são fortemente influenciadas por uma série de fatores, como conhecimentos adquiridos anteriormente, preconceitos, perfil de personalidade (Positiva? Crítica? Criativa?), capacidade de imaginação e aspectos culturais que interferem substancialmente no seu julgamento de valor. Assim, a criatividade é uma interrelação entre atributos individuais, com um processo cognitivo mental e um contexto social.

Em seu livro *De onde vêm as boas ideias*, Steven Johnson procurou desvendar os caminhos para se chegar às ideias mais disruptivas. Baseado nos pensamentos desse autor, descrevemos uma série de situações que podem favorecer e abrir a mente:

1. **Faça conexões, se possível ampliadas para as adjacências**: as ideias se sucedem como portas: abra uma delas e encontrará novas portas, que podem levá-lo a outros caminhos, com mais portas ainda. Mas valorize aquelas que tenham conexão uma com as outras. A chave é não isolar sua ideia, mas tentar conectá-la com a maior quantidade possível de portas abertas, para que possam interagir.

2. **Crie uma rede**: as boas ideias não nascem geralmente dentro de um laboratório ou no microscópio e sim quando o pesquisador fala com outros colegas pesquisadores próximos. Steve Jobs dificilmente seguia em frente com uma ideia sem bombardeá-la com seus pares. Para que novos conceitos possam surgir, o ambiente de trabalho tem de oferecer a possibilidade de livre confronto de ideias, que se choquem constantemente, para permitir que as conexões aconteçam. Não parta do princípio de que esses encontros acontecerão de forma passiva. É necessário um gasto de energia para estimular as conexões de ideias.

3. **Valorize a intuição**: as ideias muitas vezes não surgem de imediato, tampouco já formadas em sua totalidade. Elas chegam aos poucos e vão se consolidando com o passar do tempo. Evoluem até que ganham corpo, crescem e adquirem algum sentido de valor. Acredite em sua intuição e esteja atento para ela. O seu *insight* poderá ocorrer a qualquer momento, sob qualquer tipo de estímulo, às vezes fazendo você acordar de noite. Não perca a oportunidade de registrar, de anotar tudo, porque a ideia pode se dissipar e você pode perder uma excelente oportunidade.

4. **Fique atento ao acaso**: como afirmado anteriormente, a inovação não pode ser planejada, programada, como se fosse uma

máquina que você liga e começa a funcionar. As ideias surgem de incidentes fortuitos e não esperados.

5. **Erros e fracassos são bem-vindos**: ambientes que aceitam um certo nível de erro e fracasso são mais propensos ao surgimento de ideias disruptivas porque destravam alguns impulsos cerebrais ligados ao autojulgamento prematuro e à autocensura. Sem o medo de errar, as pessoas são mais arrojadas e deixam fluir ideias que aparentemente são "loucas". Mas aí pode estar o pensamento disruptivo que estamos procurando.

6. **Ilumine sua ideia**: explore todas as possibilidades de uso e aplicações para uma determinada ideia inicial. Às vezes, o raciocínio se inicia para um fim, mas se expande e se mostra muito mais útil para outro.

Um dos bons aliados para gerar boas ideias é a imaginação. Imaginar tem relação com sonhar e também com improvisar. Esse estado é caracterizado por uma dispersão controlada, algo parecido com uma perda do controle em relação ao racional, onde a ordem é sair do foco, buscar associações não planejadas, dissociar do lógico e do linear. Como já afirmei anteriormente, a imaginação nos acompanha desde a infância, mas podemos estar sempre exercitando e praticando nossa capacidade de imaginar.

Outra maneira de estimular o sonho criativo é pensar no problema a ser resolvido de forma mais ampla, associando ambos os lados cerebrais, ou seja, o raciocínio lógico, operacional e objetivo com o espacial, através de imagens. Tente transferir o problema para outro lugar, outra situação, imaginando como seria resolvido se as circunstâncias fossem outras. Outra possibilidade seria ainda pensar como o problema foi solucionado por outras pessoas, em outros contextos, mas trazendo a solução para a sua realidade, como que "copiando" a ideia. Nesse exercício, é fundamental deixar a mente bem livre, sem qualquer preconceito, fazendo todas as associações possíveis e aparentemente absurdas. Deixe fluir.

Quer realmente ser mais criativo?

Ser criativo não é um privilégio de algum gênio ou superdotado. Como já foi dito antes, a criatividade é uma habilidade cerebral própria dos seres humanos. Sendo assim, qualquer pessoa é criativa e pode desenvolver essa habilidade. Mas, com um pouco de estímulo, direcionamento ou conhecimento de alguns princípios, a criatividade pode aparecer com mais frequência e qualidade. Então, siga alguns princípios:

1. **Deixe o que é absurdo tomar corpo em sua mente até chegar a uma proposta palpável para sua realidade.** Antes de recusar uma ideia, por mais estranha que possa parecer, pergunte-se: por que não?

2. **Deixe o pensamento livre e fluído, dando vazão aos pensamentos que surgem por acaso.** Isso pode acontecer em qualquer momento, em qualquer lugar, em uma caminhada na praia ou sentado em uma mesa de bar com amigos.

3. **Diga não ao esforço criativo inútil.** Muitas vezes estamos envolvidos e concentrados em um determinado problema, buscando uma solução criativa. O esforço é grande, mas nada aparece de bom na mente. Quando isso ocorrer, pare e dê um tempo. Procure outras atividades, tire o foco. Isso acontece porque quando estamos voltados fortemente para uma determinada atividade, que envolve intensamente áreas específicas do cérebro, outras regiões que poderiam contribuir com a ideia criativa são inibidas e não mais interagem com as outras, reduzindo as chances do surgimento da ideia. Ao tirar o foco do problema, você permite que o assunto saia do aspecto racional e seja interpretado com outra dimensão pelo seu cérebro.

4. **Busque o novo, diversifique seus ambientes, converse com pessoas diferentes e que pensem de forma diferente, visite lugares inusitados.** A diversificação e o convívio com o novo inspiram novas formas de analisar e avaliar problemas, além de estimular a visão através de novos ângulos.

5. **Observe muito, esteja atento a tudo em sua volta.** Muitas vezes, as respostas para suas perguntas estão muito mais perto e evidentes do que você imagina.

6. **Corra do estresse mental e do trabalho excessivo.** Manter o cérebro tranquilo e saudável, equilibrado e descansado, é vital para que as ideias fluam.

Pensando em "novas caixas"

A criatividade está relacionada ao processo de mudar a precepção da realidade. Nosso cérebro usualmente tem a tendência de simplificar as coisas, na direção da realidade, para facilitar nossa compreensão. A partir do real, nossa mente produz conceitos e modelos para interpretar a realidade. Esteriótipos e paradigmas são alguns desses modelos. Podemos considerar cada um desses modelos, estruturas, padrões de referência, ou representações, como "caixas".

Para sermos criativos, é preciso pensar fora dos padrões convencionais criados por nossa mente. Ficando presos a eles, estaremos sempre amarrados e impossibilitados de pensar diferente, de ver um determinado fato por outra perspectiva. Quando nos referimos a algo intangível, que foge do real, temos dificuldade em entender e, muitas vezes, nos retraímos diante dessa situação. O problema é que o espaço "fora da caixa" é muito amplo e não há garantia de se encontrar soluções tangíveis para nossos problemas. Ver as mesmas "caixas", mesmo que sob outro ângulo de análise, pode ser uma tarefa difícil, pois elas já estão consolidadas em nossa mente. Os preconceitos já estão lá, enraizados.

Uma boa estratégia para "pensar fora da caixa" é procurar e encontrar "novas caixas", ou seja, novas formas de analisar um determinado problema, novos processos mentais, novas concepções que possam redirecionar seu pensamento. O desafio e a verdadeira arte do criar é saber como construir essas caixas e, no processo, fornecer o contexto para o esforço imaginativo.

Brabandere e Iny (2013) propõem uma metodologia para desenhar novos cenários futuros e tentar reconhecer "novas caixas". Após uma análise crítica e uma adaptação, relato a seguir as etapas desse processo:

Passo 1: Preparação

Tudo começa com a compreensão do que é um cenário. Um cenário é uma história que retrata o futuro a partir de uma determinada situação e de acordo com uma lógica de consequências através do tempo. A primeira é uma fase preparatória dedicada à preparação do contexto em que os diferentes cenários serão definidos. Deve-se fazer uma boa análise do micro (consumidores, fornecedores, intermediários) e macroambiente (econômico, social, político, demográfico, cultural e tecnológico) com possíveis interfaces no cenário presente e futuro. A partir daí, define-se o problema e a escolha do horizonte de tempo futuro. Por exemplo, como será o mercado do Brasil em 2020? Como minha empresa estará em termos de competitividade diante desse mercado futuro? Feito isso, desenvolve-se um conjunto preliminar de hipóteses, para que as tendências possam ser identificadas e debatidas.

Passo 2: Seleção de variáveis

Significa selecionar e preparar as variáveis a serem utilizadas para refinar as hipóteses e desenvolver cenários.

Passo 3: *Brainstorms* sobre as variáveis

Brainstorming é útil na criação do pensamento, um modelo mental de ideias já existentes, mas que fazem algum sentido. A mudança de perspectiva pode abrir os olhos para novas oportunidades. Cada hipótese deve ser expandida, bombardeada, explorada ao limite.

Passo 4: Definição dos cenários

As hipóteses devem agora ser agrupadas de forma coerente, de acordo com suas relações. Cada grupo de hipóteses torna-se assim um cenário.

Passo 5: Iluminando o cenário

Nessa fase, temos que usar nossa criatividade para ampliar e enriquecer o cenário. Um bom cenário precisa ser criativo, interessante, intrigante e surpreendente. Ele deve ser relevante para as decisões a serem tomadas, coerente, plausível, convincente, de fácil compreensão. O cenário ideal deve cobrir o maior número de alternativas futuras. Ele deve revelar os diversos problemas e tensões e apresentar uma série de possibilidades de soluções.

Passo 6: Comunicação

Essa etapa consiste na finalização e apresentação dos cenários, para assegurar que eles serão bem conhecidos por todos os níveis da empresa.

Passo 7: Aplicação dos cenários

Aconteça o que acontecer, não é uma questão de fazer uma escolha entre cenários. Eles estão aí para serem ou não aplicados. Um cenário não é um plano de ação, definido ou planejado. Inevitavelmente, alguns poderão acontecer e outros não. Se um deles faz sentido, os outros podem não fazer.

O método cenário constitui uma ferramenta muito eficaz para promover o pensamento e estimular o reconhecimento de "novas caixas".

Os mitos da criatividade

No decorrer da história da humanidade, diversas teorias e modelos tentaram desvendar os mistérios da criatividade humana. Durante todo esse tempo, muito se descobriu e se aprendeu sobre o assunto. Entretanto, certamente alguns mitos foram criados e disseminados mundo afora. Vamos conversar um pouco sobre esses mitos, que merecem ser desmistificados. O primeiro deles está voltado ao fato de que a criatividade está relacionada à capacidade artística, sendo portanto uma habilidade especial dos músicos, poetas, escritores e pintores. Na verdade, não há uma relação direta entre ser um artista e ter criatividade, logo, esta não é limitada às pessoas com dons para as artes. Tampouco criatividade envolve habilidades geniais, restritas a alguém com um Quociente Intelectual (QI) acima da média. Se assim fosse, somente cientistas, intelectuais, pessoas com alta formação acadêmica seriam criativos, e sabemos que a criatividade acontece muitas vezes diante de situações muito banais, vindas de pessoas sem nenhuma formação intelectual específica. Alguns filósofos e pensadores do passado associavam a criatividade à loucura ou a algum estado mental fora dos padrões normais, como se para ter uma ideia criativa fosse necessário um momento de transe. Ora, é certo que a criatividade pressupõe uma intervenção consciente na realidade e pessoas que não gozam de suas faculdades mentais não conseguem tal forma de pensar. Um outro mito está relacionado ao fato de que a criatividade exige uma "total liberdade" para pensar e agir. Claro que ideias criativas em geral devem estar livres de preconceitos e julgamentos, mas sempre haverá algum limite, algum parâmetro a ser seguido.

O processo criativo

Segundo James Green, da Universidade de Maryland, nos Estados Unidos, o processo criativo pode ser dividido em 4 fases:

Fase 1: *Background* ou acúmulo de conhecimentos

O conhecimento técnico é fundamental para aumentar as chances de uma ideia criativa ser efetivamente útil. Para isso, é importante investir em múltiplos conhecimentos, em diferentes áreas, para que esses conhecimentos possam trabalhar em conjunto na criação de uma ideia.

Fase 2: Processo de incubação

Trata-se de um período de amadurecimento da ideia. É o momento de se perguntar: a ideia é realmente boa? É aplicável e factível? Essa é uma etapa de *brainstorming* e difusão livre de ideias.

Fase 3: Experiência da ideia

É a fase de experimento, de fazer o projeto piloto, de promover os testes práticos necessários. A ideia é realmente a solução de um problema real?

Fase 4: Avaliação e implementação

Fase final do processo, é a hora de colocar em prática, de verificar se a ideia está pronta para ser testada e implementada.

A importância da criatividade para as empresas

O mundo vem passando por constantes mudanças, tornando-se cada vez mais competitivo. O impacto desse cenário é imediato nas empresas, que sofrem para se adaptar e se destacar no mercado moderno, mas que também buscam uma completa renovação em sua forma de atuar internamente, tanto do ponto de vista estratégico, quanto do operacional. A criatividade está sendo considerada como um fator crucial para a sobrevivência das organizações. Assim, ela impacta fortemente em novas formas de gerenciamento, de tomada de decisão, de geração e gestão de informações, de processos produtivos, de estratégias de motivação de pessoas e de aumento de produtividade. As empresas mais criativas têm certamente maior chance de crescimento, pois têm uma maior capacidade de enfrentar todas essas mudanças, incertezas, conflitos e turbulências, criando novas situações, novas formas de atuar junto ao cliente com novas posturas, enfrentando e superando seus concorrentes. A atitude transformadora começa justamente com a criatividade, passa pela geração de ideias e culmina com a inovação, com a geração de resultados. A cada dia que passa, o imperativo de explorar o futuro parece ser cada vez mais mais crucial para o gestor responsável por desenvolver a estratégia da sua empresa. Na prospectiva (não seria perspectiva?) estratégica, o objetivo geral é abordar a questão dupla que confronta todos os decisores: o que pode acontecer no futuro? E o que devemos fazer em relação a isso? Certamente, a criatividade e a inovação serão instrumentos úteis na busca de respostas. Confrontado com a incerteza, ninguém pode prever um único futuro, mas deve sim considerar uma série de opções possíveis. A combinação da criatividade com uma abordagem técnica e acadêmica será pré-requisito importante para o desenvolvimento de estratégias e políticas que podem ser postas em prática.

Como lidar com colaboradores criativos na empresa

É concenso que ter colaboradores criativos nas empresas é essencial para o sucesso. Afinal, as organizações buscam a todo custo contratar, aperfeiçoar, desenvolver e reter talentos criativos. Mas, muitas vezes, essa tarefa parece ser muito mais complicada do que parece. Pagar altos salários está longe de ser a melhor maneira de reter seus geradores de ideias.

Normalmente com personalidade pouco convencional, questionador e inquieto demais, excêntrico e avesso a regras, arrogante e vaidoso, o colaborador criativo é um desafio para os profissionais de recursos humanos e, por que não, para toda a empresa. Mas a má notícia é que se os funcionários de sua empresa são fáceis de gerir, isso pode ser um sinal de que sua equipe pode estar acomodada o suficiente ou mesmo ser medíocre o bastante para levar sua empresa à bancarrota em breve. Lidar com indivíduos que fogem da curva padrão requer habilidades especiais de gerenciamento de pessoas. Isso não quer dizer que você não terá que adotar estratégias tradicionais, principalmente para os seus colaboradores ditos "normais". Nenhuma empresa é feita só de criativos. Todos vão merecer uma atenção especial e igual nos princípios, porém, diferente na forma. Se você pretende realmente ter uma equipe criativa, inovadora e talentosa, se prepare para seguir alguns princípios fundamentais.

O professor de psicologia da University College London, Thomas Chamorro-Premuzic, sugere algumas regras básicas para lidar bem com os criativos:

1. **Mimá-los**: funcionários criativos gostam de atenção, de ver que sua ideia está sendo bem aceita no grupo e que a empresa se interessa por ela e está disposta a apoiá-la incondicionalmente. Em empresas onde a cultura da inovação é bem sólida, ideias absurdas e "loucas" são bem aceitas.

2. **Deixá-los falhar**: se inovar vem da incerteza, do novo, e o risco é inerente ao negócio, as empresas precisam estar preparadas para falhar. O fracasso não pode ser encarado como um fator negativo, punitivo, passível de críticas internas; mas como um aprendizado contínuo. Só não falha quem não arrisca. E se o colaborador criativo perceber que corre risco em seu processo de inovação, certamente e talvez inconscientemente ele reprimirá suas ideias. As pessoas criativas são experimentadoras natas, por isso, é importante deixá-las experimentar e testar. Claro que existem custos associados à experimentação e tudo deve ter um limite. Mas com uma boa estratégia, processos bem definidos e uma cultura em sintonia, é possível minimizar muito esse risco. Afinal, custo maior para uma empresa é não criar e não inovar.

3. **Cercá-los de pessoas que não sejam nem legais nem chatas**: o pior cenário para seu funcionário criativo é forçá-lo a trabalhar com muita gente que tenha características iguais às dele. Isso vai gerar uma confusão de ideias, uma competição interna, um *brainstorm* sem fim, ou simplesmente um vai ignorar o outro. Por outro lado, a equipe também não pode ter muitas pessoas convencionais, que não acompanham a velocidade e a sequência dos raciocínios, que vibram em frequências diferentes. Isso obviamente irá entediá-los, desmotivá-los, e tornará a equipe improdutiva. O ideal é compor um time que consiga equilibrar razão e emoção, com diversos membros que estejam abertos a analisar as perspectivas uns dos outros. A solução, então, é apoiar os criativos com colegas que são demasiado convencionais para desafiar suas ideias, mas suficientemente capazes de colaborar com eles. É como um grande cantor que, para fazer sucesso, precisa de ótimos músicos em sua banda.

4. **Envolvê-los em projetos efetivamente desafiadores**: os criativos naturais tendem a ter uma visão mais ampla de todo o pro-

cesso, a antever o significado prático daquilo que está envolvido. Por isso, costumam julgar o grau de importância do projeto e o quanto eles poderão ser realmente relevantes para o sucesso do mesmo. Além disso, avaliam a relação de quanto o projeto atende aos seus interesses. Isso reflete de certa forma a característica da personalidade da pessoa muito criativa, que executa bem apenas quando está motivada e inspirada, e a inspiração é normalmente alimentada por um objetivo, um significado. A desvantagem dessa abordagem é que a empresa corre um grande risco de não contar com seu envolvimento nos trabalhos com menor sentido ou importância. É por essa razão que temos que ter colaboradores com diferentes perfis. Designar o funcionário certo para o trabalho certo é um desafio para os gestores líderes.

5. **Não pressioná-los**: empresas reconhecidas no mercado como inovadoras têm adotado formas alternativas de gerir pessoas no que se refere a horários, prazos etc. Se seus colaboradores lidam bem com cartão de ponto, reuniões formais, ordem e previsibilidade, você provavelmente não está com uma equipe criativa. Geralmente, os mais criativos são mais questionadores da estrutura convencional, gostam mais de liberdade e flexibilidade no trabalho. Assim, deixe-os mais livres, aceite horários alternativos, não tente controlá-los demais, estimule o autogerenciamento de tarefas, dê mais autonomia e foque mais nos resultados. Claro que não estamos propondo uma liberdade irresponsável, sem qualquer controle. Crie momentos intermediários de avaliação de desempenho e *feedbacks* em determinadas etapas. Não confie cegamente, pois o ser humano tem hábitos que podem ser confundidos.

6. **Cuidado com a remuneração**: existe uma grande controvérsia sobre o papel do salário na motivação de um colaborador, ainda mais quando se trata de um criativo por natureza. Pagar-lhes bem demais pode reprimir o potencial criativo, pelo fato de a pessoa se achar boa o suficiente ou já ter tido um grande retorno e não precisar mais do esforço criativo. Isso pode explicar por que grandes compositores interrompem o surto criativo com o caminhar de sua carreira de sucesso. Buscar o sucesso é motivante e, na nossa sociedade, não é difícil entender que a concre-

tização e o reconhecimento do sucesso está muito relacionado ao retorno financeiro. Por outro lado, pagar mal demais pode ser um desestímulo, uma demonstração de que sua empresa não reconhece o quanto aquele profissional é importante. Lembre-se que a remuneração não é o fator mais importante para reter um talento, mas está relacionada à valorização e ao reconhecimento, além de estar intimamente ligada à obtenção de alguns prazeres materiais. O ideal é que problemas financeiros não ocupem a mente criativa de nossos colaboradores e não se tornem obstáculos à criatividade.

7. **Surpreenda-os**: como criativos não gostam de previsibilidade, surpreendá-os com um novo projeto desafiante ou uma nova estrutura de trabalho, um novo local (pode ser uma sala nova, uma viagem para a filial em outro estado ou país ou uma tarefa externa), uma nova equipe, um novo problema a ser solucionado. O tédio e a rotina podem ser grandes inimigos da criatividade.

8. **Faça-os sentirem-se importantes**: recompensas e reconhecimento, muito mais do que materiais, são vitais em gestão de pessoas. Se você deixar de reconhecer o potencial criativo de seus funcionários, eles vão procurar um outro lugar onde se sintam mais valorizados.

Criatividade e Inovação

A criatividade é responsável pelo crescimento econômico sustentável e tem grande potencial de agregar valor às organizações. Isso é o que traz riquezas para as empresas e para um país no longo prazo. A aplicação efetiva da criatividade gera um grande fluxo de inovações benéficas ao crescimento da empresa e resulta em valor agregado, diferenciais competitivos e vantagens estratégicas, condições necessárias para levar a empresa a "oceanos calmos e azuis", livres dos concorrentes vorazes e sedentos por cada porcentagem de mercado. A criatividade serve para fazer surgir, com pouco ou nenhum recurso, produtos e serviços mais rentáveis e inovadores, gerando ideias capazes de melhorar a eficiência ou a eficácia de um sistema, pensando em como fazer as coisas se tornarem melhores. Gestores devem conhecer seus princípios e o caminho para desenvolver a mente criativa entre seus colaboradores. É necessário desenvolver atitude e conhecimento de onde, como e quando a criatividade pode trazer soluções para as empresas.

Um dos paradoxos da inovação é que para ser eficiente é preciso lidar com a ineficiência. Aos poucos, os procedimentos viram hábitos, o que os tornam mais eficientes. Mas também podem tolhir as percepções, diminuindo uma visão mais ampla e crítica, no sentido da melhoria contínua. Há uma tendência de sermos mais eficientes nas tarefas que conhecemos. Mas a criatividade e a inovação vêm exatamente do que não conhecemos. Por isso, é fundamental dar um tempo à mente, mantê-la "vazia" por um tempo, livre para pensar e criar. Domenico Di Masi chama isso de "Ócio Criativo" (veja detalhes adiante), necessário para que ocorra uma espécie de desarmamento do hemisfério esquerdo (visão consciente) e prevalência do hemisfério direito (visão abstrata, analógica e de associações).

Uma das teorias muito difundidas em inovação e que tem relação com a criatividade é o *"thinking outside the box"*, ou seja, "pensar fora da caixa", ser capaz de enxergar um determinado problema com uma visão ampla, aberta, desprovida das amarras do pensamento preso e focado. Para estimular essa forma de pensar, mude o modelo mental. Mude o caminho de olhar a analisar a si próprio, pensando em como resolver um problema buscando novas possibilidades e soluções. Pense que é possível criar e inovar sem ser a partir de uma única ideia já existente, de uma base conhecida ou prevista. Experimente isso, pois será revolucionário e abrirá um novo mundo de ideias. Não "pense fora da caixa", mas procure criar "novas caixas", analisando o que já existe, mas focando no futuro. Elas serão responsáveis pelas novas ideias e por criar possibilidades de novos caminhos a seguir. Para se fazer a transição da criatividade para a inovação é necessário que a ideia gerada seja efetivamente útil e passível de ser aplicada para gerar resultados.

> **Estudo de caso: A criatividade sob a ótica da TUDO**
>
> Muito se fala de criatividade hoje em dia. Toda empresa quer ter profissionais talentosos e criativos, mas a coisa não é tão simples assim. A criatividade descompromissada, o criar por criar, não cabe mais no mundo real; é preciso gerar resultado. As ideias inovadoras precisam atender aos desafios impostos pelo mercado e caber no orçamento do cliente, mas, ao mesmo tempo, o criativo precisa sair pela tangente para escapar dessas amarras e propor soluções surpreendentes. Para isso, ele precisa ser sobretudo um grande observador do cotidiano das pessoas.

Para a TUDO, a criatividade começa estando-se aberto ao diálogo para obter a melhor informação possível com relação ao contexto envolvido no objetivo do que vai ser comunicado. Estudar o assunto, conhecer a história, a cultura. Mas somente a informação não basta. É preciso ter habilidade de fazer analogias e comparações, conseguindo enxergar o tema a partir de outros prismas, momentos e situações. A princípio, nada parecerá muito óbvio, mas é a partir dessa junção que surge o elemento surpresa.

O DNA criativo da TUDO tem forte relação com um dos seus pilares de posicionamento: o profundo conhecimento de Brasil. Por conta dessa busca incessante de ver o país representado em toda a sua rica complexidade multicultural, a equipe da agência sempre foi mesclada por pessoas vindas dos vários cantos do país. Essa diversidade sempre foi uma das grandes responsáveis por fazer da TUDO um ambiente com múltiplos olhares, sem imposição de culturas, e, portanto, um grande celeiro de criatividade.

Para pensar fora da caixa, a TUDO segue um princípio: não preencha formatos, crie formatos. Isso porque sob o ponto de vista da propaganda, as mídias são previamente criadas e já há uma acomodação ou parâmetro pré-estabelecidos para cada um desses formatos utilizados pelos veículos tradicionais, o que engessa a criatividade. Esses paradigmas pretendem impor que a comunicação de produtos e serviços sempre foi e deverá continuar sendo assim. Só que as pessoas querem ser surpreendidas.

Então, para ser criativa, a pessoa precisa, acima de tudo, ser livre de padrões. É claro que deve haver um conceito, porque as pessoas precisam ter algum tipo de identificação. Mas é fundamental ser disruptivo e isso significa ir além da simples quebra de padrões. É efetivamente negar o clássico e o convencional. Se todo mundo está fazendo algo da mesma forma, é sinal que não dá mais pra fazer assim. Isso não é mais surpreendente. Também não quer dizer que é necessário inventar alguma coisa que nunca existiu, porque, no fundo, nenhuma criação é absolutamente inédita. Sob essa ótica, a releitura de modelos, processos, cenários pode ser um excelente caminho para a inspiração do novo.

O grande x da questão nesse mercado da comunicação é a tendência à acomodação pelo caminho mais fácil, ou mais seguro. Pouca gente está disposta a arriscar de verdade. Por um lado, vemos agências propondo formatos tradicionais, seguindo convenções. Por outro, vemos clientes dispostos a comprar o óbvio. O problema é que fazendo o óbvio, agências e anunciantes deixam de contribuir para o amadurecimento do mercado, e perdem excelentes oportunidades de alavancar resultados, se destacando da concorrência com algo inovador que vai chamar a atenção do consumidor, cansado de tanta mesmice. O desafio que a TUDO impõe a sua equipe todos os dias é como descobrir novos caminhos de incomodar positivamente seus clientes, desencadeando uma reação ativa, um estímulo extra, que faça com que ele saia da inércia e se sinta motivado em investir em ideias inovadoras para sua marca ou produto.

Então, para ser um bom criativo, é preciso sobretudo entender a real dimensão dos sentimentos e necessidades humanos, que podem ser revelados pela própria simplicidade dos nossos atos cotidianos, desde que se façam as perguntas pertinentes. E ao contrário do que possa parecer, o simples pode ser inovador, porque no fundo mais que comprar coisas, as pessoas querem viver experiências. E são essas as motivações que precisam ser buscadas como inspiração para uma sacada que consiga de fato impactar o consumidor.

Para a TUDO, um colaborador criativo deve ser:

- inquieto e incomodado com as convenções do mundo e da sociedade;
- solucionador;
- questionador;
- curioso;
- um cientista investigador;
- capaz de transformar algo técnico e complexo em algo simples;
- aberto ao diálogo;
- livre de preconceitos;
- corajoso para quebrar formatos.

Estudo de caso: O processo criativo na TUDO

O ponto de partida é a identificação de um problema a ser resolvido. O atendimento vai até o cliente e obtém as informações do *briefing*. A partir daí, um amplo grupo de colaboradores de diferentes áreas é formado na TUDO para entender e decodificar o problema. A etapa seguinte é comandada pelo planejamento, que tem por missão o aprofundamento do cenário e a busca de referências, estudos, textos, dados, números, ou seja, tudo o que possa ajudar a identificar os principais paradigmas e estereótipos. Porém, como o processo é colaborativo, além dos *planners*, também podem participar dessa etapa os próprios criativos, o atendimento da conta ou o gerente de produção, que contribui com o planejamento da produção em si. No final, é bem difícil saber ao certo de quem foi a grande ideia, que acaba sendo construída a partir da soma de conhecimentos, sugestões e *insights* das várias pessoas envolvidas no *job*.

Essa etapa é crucial, porque geralmente o cliente está tão focado em seu próprio problema que não consegue perceber outras saídas ou possibilidades. Com sua visão de fora, a TUDO pode oferecer um leque muito mais amplo de soluções, pois é a partir desse conjunto de informações que o planejamento vai construindo o pensamento estratégico, de onde surgirá o direcionamento para a criação, mais conhecido como "mote criativo". Os criativos, por sua vez, mergulham nesse conteúdo buscando estabelecer uma forma, algo tangível que possa gerar o resultado esperado, sem perder de vista a responsabilidade de desenvolver a ideia dentro das estratégias pré-estabelecidas.

No momento mágico da criação, travar é mais comum do que se imagina, até aos mais criativos. Há um desespero normal, que pode ser causado por inúmeros fatores, como por exemplo o tempo. Hoje em dia, tudo é para ontem. Todo projeto tem um prazo para ser executado e, na maior parte das vezes, esse prazo é estreito. Isso gera tensão e pressão e pode prejudicar a geração espontânea da ideia genial, que pode surgir em um minuto ou em um mês, é difícil prever. Tempo hábil pode ser um grande aliado para o processo de criatividade, pois permite que o cérebro receba mais sinais, que se busquem mais informações, que se façam mais analogias. O exercício de se desconectar do tempo, sem perder o prazo, é a chave do sucesso.

Outra dificuldade é não se ter um norte a seguir, e daí um *briefing* bem embasado é decisivo. É esse direcionamento que deixará claros os objetivos e desejos de quem demanda o processo criativo. Também é bom não perder de vista os limites estabelecidos no orçamento. De nada adianta uma ideia sensacional que não irá caber no *budget*. Por fim, o próprio ambiente físico de trabalho pode atrapalhar, seja por ser demasiadamente organizado e cheio de regras, seja por ser barulhento, desconfortável ou superlotado. O bem-estar e a liberdade favorecem a derivação da mente humana.

Para enfrentar todos esses obstáculos, seguem algumas dicas:

- Controle a ansiedade em relação a cobranças. Lembre-se que você tem um problema para encontrar uma solução, mas trabalhe no seu tempo.
- Simplificar pode ser uma boa estratégia. As melhores ideias geralmente são simples, e muitas travas surgem da insistência em criar coisas complexas.
- Mude sua rotina. Se isolar ou buscar um ambiente que não seja o convencional pode contribuir para oxigenar o cérebro e estimular novas regiões do pensamento a interagir.
- Pense menos em tecnologia e *softwares* e mais em pessoas e assuntos subjetivos. Assim, você diminui a atividade do cérebro esquerdo e ativa a do direito.
- Se a ideia genial surgiu, parabéns, você está quase lá. Falta apenas pensar em uma maneira criativa de apresentar o projeto. Afinal, todo criativo precisa ser também um bom contador de histórias para vender sua ideia ao cliente e conseguir vê-la sair do papel.

Referências

AMABILE, Teresa. How to kill creativity. *Harvard Business Review*, 1998.

BRABANDERE, Luc de; INY, Alan. *Thinking in new boxes*: a new paradigm for business creativity. Random House, 2013.

CARSON, Shelley. *O Cérebro Criativo*. Rio de Janeiro: Best Seller, 2012.

JOHNSON, Steven. *De onde vêm as boas ideias*. Rio de Janeiro: Jorge Zahar, 2010.

KELLEY, Tom; KELLEY, David. Reclaim your creative confidence. *Harvard Business Review*, December 2012. Acesso: <https://hbr.org/2012/12/reclaim-your-creative-confidence>.

_____; LITMAN, Jonathan. *As 10 faces da inovação*. Rio de Janeiro: Campus, 2007.

Com a colaboração de
Virna de Araújo Miranda

A EMPRESA INOVADORA

3

Principais características de uma empresa inovadora

As empresas atualmente perseguem continuamente uma receita, um manual prático que possa direcionar seus caminhos para que se tornem mais inovadoras. Infelizmente, isso não existe. Claro que já existem na literatura muitos estudos sobre as habilidades e características comuns às empresas mais inovadoras. Entretanto, jamais conseguiremos um padrão clássico a ser repetido ou copiado. Cada organização precisa encontrar seu caminho. Muitos fatores estarão envolvidos nessa busca do modelo ideal. Cada empresa tem sua cultura própria, que deve ser moldada e aperfeiçoada no sentido da inovação. Outro aspecto a ser considerado é o perfil do grupo de colaboradores, que por si só está fortemente relacionado à formação da cultura. Claro, pessoas nunca são iguais. Portanto, falar em padrão a ser seguido ou condutas e normas para tornar uma equipe mais inovadora me parece arriscado. Uma empresa irá identificar, desenvolver e maximizar, junto com seus colaboradores, as melhores características a serem exploradas e potencializadas.

Para ter sucesso diante do cenário de constante inovação, as organizações precisam seguir alguns princípios essenciais. As decisões precisam ser aceleradas, rápidas, não é praticamente impossível pensar ou se cercar de todos os cuidados o tempo todo. Afinal, o mundo inovador acontece a uma velocidade acima da média dos mercados convencionais. Pelos mesmos motivos, é preciso também agir com rapidez e acertividade, implementando estratégias consistentes e eficientes, na direção correta. Finalmente, nunca abandone a disciplina, pois viagens inovadoras já são por si cercadas de incertezas, e manter a atenção máxima e o rigor em cada passo a ser dado é ainda mais necessário. Seja obsessivo em todos os detalhes.

Ser uma empresa inovadora não é tarefa fácil. Basta abrir qualquer revista especializada em negócios para ver que, no mundo todo, a grande maioria das empresas persegue a inovação a todo custo. Vemos muitas vezes projetos inovadores de sucesso, que são alcançados ora por uma, ora por outra. Outras vezes, acompanhamos empresas que vivem momentos inovadores, períodos curtos de sua história onde conseguem bons resultados, mas logo se perdem e ficam para trás. Manter a inovação constante, por longos períodos de tempo, como fazem Apple, GE, Google, IBM, Sony e algumas outras, é o sonho de toda organização.

Uma empresa inovadora é aquela que:

1. **Tem a organização voltada para a cultura da inovação, desenvolve e fortalece o pensamento inovador sob todas as formas e em todos os setores.** A cultura será consolidada a partir de uma série de atitudes, comportamentos, tomadas de decisão e políticas coporativas coerentes com o discurso da inovação.

2. **Dá liberdade para a geração de ideias, dando aos colaboradores sinais claros de que ideias inovadoras são bem-vindas.** Não basta falar. A cultura da empresa dá o direcionamento, mas os processos precisam estar claros para que as pessoas possam se sentir seguras para propor algo novo.

3. **Estimula o trabalho multidisciplinar.** Já discutimos aqui neste livro que boas ideias se tornam ainda melhores quando trabalhadas em grupo, não só para aperfeiçoá-las, mas para torná-las reais e aplicáveis.

4. **Tem os processos estruturados para favorecer a inovação.** Estes devem ser claros, simples e de conhecimento de todos. Empresas inovadoras deixam "os corredores livres e bem iluminados" para que qualquer boa ideia possa sair de um determinado setor, andar pelos corredores, bater na porta e entrar na sala de quem possa analisá-la, apoiá-la e valorizá-la.

5. **Desenvolve continuamente o capital intelectual e o talento, premissas básicas para qualquer empresa que pretenda ser ou se tornar inovadora.** Sem pessoas realmente competentes, tudo ficará mais difícil.

Como vimos no capítulo sobre criatividade, ter ideias criativas não é necessariamente um problema para as empresas e nem é fator primordial para identificar ou diferenciar se uma empresa é inovadora ou não. Estou certo que boas ideias acontecem na maioria das empresas. O que começa a separar o "joio do trigo", ou seja, quem serão as empresas que farão a diferença inovadora no mercado, é a sua capacidade para lidar com essas ideias. Primeiro, em aceitá-las da forma como são e com os desafios que elas propõem. As convencionais dirão "não", "não dá pra fazer", "isso não vai dar certo", "não é nosso foco neste momento". As inovadoras deixarão o espaço aberto e desenvolverão processos específicos para que novas ideias fluam dentro da organização e recebam a atenção necessária. Além disso, destinarão recursos financeiros específicos para projetos inovadores. O ponto inicial é selecionar quais ideias são viáveis e prósperas para obter sucesso. A partir daí, empresas inovadoras serão competentes para implementar, formando equipes talentosas e capazes de transformar uma ideia em resultado. Aí estará a inovação (lembra do conceito?). No Capítulo 4, sobre o processo de inovação, iremos discutir detalhadamente sobre cada uma das etapas a serem seguidas para que a empresa possa transformar ideias em inovação.

Rao e Weintraub (2013) propõem que a cultura inovadora deve se basear em seis princípios, que obviamente são relacionados e interagem entre si. Por serem tangíveis e mais facilmente mensuráveis, os três primeiros costumam receber uma atenção maior das empresas. Os demais geralmente são esquecidos, pela dificuldade em quantificá-los e por dependerem de pessoas. São eles:

- **Recursos**: compreendem três fatores – sistemas, pessoas e projetos. Destes, as pessoas devem receber maior atenção, porque impactam fortemente os outros dois fatores.

- **Processos**: são cada uma das fases, o caminho a ser seguido, como um "funil" que capta e filtra a ideia a ser analisada e que dará o sinal verde para seguir em frente.

- **Sucesso**: o sucesso é importante para fortalecer a cultura e a percepção que a empresa tem, tanto no nível externo, ou seja, mercado, clientes e concorrentes, quanto no interno, junto a seus colaboradores. Internamente, o sucesso fortalece a percepção de que o discurso está coerente com a prática. Além disso, é forte ferramenta de motivação de colaboradores, que se sentem recompensados e estimulados pelas novas iniciativas inovadoras.

- **Valores**: direcionam as prioridades e as decisões, inclusive financeiras, bem como a energia e o tempo a ser dedicado. Valores costumam estar escritos no plano estratégico, mas são muito melhor percebidos nas atitudes e na coerência das tomadas de decisão.

- **Comportamento**: refere-se a como as pessoas agem na direção da inovação. É a expressão prática dos valores. Gestores atuam, por exemplo, tomando a decisão de matar um produto ultrapassado, redesenhando processos, motivando colaboradores e priorizando projetos. Colaboradores agem ouvindo o cliente, pensando continuamente na melhoria e no aperfeiçoamento ou procurando caminhos alternativos para vencer barreiras.

- **Clima Organizacional**: está relacionado com o ambiente de vida da empresa, o ar que se respira no dia a dia. Um clima inovador cultiva engajamento e entusiasmo, desafia as pessoas a assumirem riscos dentro de um ambiente seguro, promove a aprendizagem e incentiva o pensamento livre e independente.

Atualmente, muitas empresas estão focadas em desenvolver produtos e serviços inovadores, mas já se vê há algum tempo uma visão mais ampla no sentido não só de ampliar o espectro da inovação para outras áreas, mas também na direção da sustentabilidade. Ações sustentáveis voltadas para as questões ambientais, para a melhoria da qualidade de vida das pessoas, para tornar o mundo melhor, são extremamente importantes na era moderna.

Estudo de caso: A estratégia 70/20/10 da Coca-Cola

A Coca-Cola, uma das maiores empresas do mundo, é reconhecidamente uma das empresas mais inovadoras do mundo. O direcionamento estratégico voltado para inovação é percebido em inúmeras frentes. Vamos destacar aqui a estratégia de investimento em marketing conhecida como 70/20/10. Por essa abordagem, a Coca-Cola investe 70% de seus recursos de marketing no que eles chamam de "now" ("agora"), ou seja, em programas de sucesso já estabelecidos, aprovados e já implementados ou em fase de implementação. Outros 20% do total de investimentos financeiros são em projetos chamados de "new" ("novos"), quer dizer, aqueles com tendências emergentes que estão ganhando força e início de implementação. Finalmente, 10% dos recursos vão para os chamados "next" ("próximos"), aquelas ideias ainda não completamente testadas ou que estão em fase de processo. A mensagem é que, apesar de a inovação ser muitas vezes reconhecida como o momento "eureka", aquele momento inspirador e capaz de produzir algo genial, ela pode e deve ser sistematizada. É possível planejar para ser inovador, envolvendo a equipe de colaboradores, analisando dados e informações, conversando com pessoas e provendo recursos financeiros.

Estudo de caso: O jeito TUDO de ser

A TUDO é uma *start up*. Uma daquelas que a competência com uma pitada de sorte premiou com o êxito. Nasceu dentro do Grupo ABC, um dos 20 maiores grupos de comunicação do mundo, criado e comandado por Nizan Guanaes, um dos personagens mais icônicos do mercado publicitário brasileiro. O convite de montar a TUDO foi feito a Maurício Magalhães quando ele ainda era *head* de marketing da Rede Bahia, o grupo empresarial responsável pelas afiliadas Globo na Bahia. Na época, o Festival de Verão, criado por Maurício, estava no auge, e a experiência adquirida por ele e sua equipe à frente de um dos maiores festivais de música do país foi uma das principais razões que levaram Nizan a acreditar que esse grande líder inspirador e visionário seria capaz de criar do nada uma agência que ajudasse o ABC a ocupar o espaço do marketing promocional no cenário nacional.

Foi assim que, poucos meses depois, Maurício desembarcou de mala e cuia na maior metrópole do país, com a missão de colocar a TUDO de pé. O início foi marcado pela espartaneidade: uma pequena sala emprestada no prédio da prima África (agência de publicidade mais emblemática do grupo) e uma equipe de seis funcionários, incluindo ele. Os desafios que viriam, porém, nada tinham de espartanos... Em poucas semanas, os primeiros *jobs* que começariam a chegar carregavam responsabilidade de gente grande, envolvendo marcas como Tok Stok, Vivo e Brahma. Com praticamente nada de experiência em marketing promocional (como o *live marketing* era conhecido na época), a equipe teve que ralar muito para aprender com o carro andando. E talvez tenha sido esse cenário inóspito a principal alavanca propulsora do DNA que viria a marcar a trajetória da TUDO: ousadia e inovação. Como diz o ditado, "Deus protege os inocentes". A falta de domínio do que era certo ou não, do que já havia sido testado ou não, levou a pequena e guerreira equipe da TUDO a voar sem paradigmas, propondo ideias e projetos marcados pela criatividade e por uma visão descontaminada de vícios e modelos preconcebidos.

Em um mercado como o da comunicação, repleto de pessoas brilhantes, talentosas, inteligentes, trabalhadoras, mas absolutamente táticas, desenvolver um processo capaz de mapear o DNA de acerto ou de insucesso em cada projeto é um grande desafio. E foi a partir da crença de "ganhar o mundo a partir de um pensamento inovador" que a TUDO começou a desenvolver uma metodologia muito particular para nortear suas ações, estruturada a partir de seu próprio aprendizado. Eu não diria que essa metodologia nasceu de uma hora para a outra, em uma reunião de planejamento onde os executivos sentaram para discutir processos e modelos. Na verdade, ela foi sendo construída aos poucos, a partir dos erros e acertos, à medida que a equipe ia se encontrando, virando noite, trabalhando um final de semana atrás do outro, na simples vontade coletiva de fazer dar certo. Com o passar do tempo, alguns métodos de trabalho criados instintivamente foram se mostrando extremamente assertivos.

Motivados pelo entusiasmo dos acertos, esse modo de pensar foi sendo repetido como uma fórmula, uma equação positiva. E acabou por se tornar quase um mantra a ser compartilhado e seguido por todos aqueles que viriam a se juntar à TUDO ao longo dos anos que se seguiram. Essa metodologia que gostaria de compartilhar com você agora, neste livro.

Negando o *briefing* do cliente

Nosso alicerce principal é o planejamento. Isso quer dizer que antes de sair fazendo, temos que compreender primeiro o cenário, o cliente, a conjuntura, e só então olhar para frente. Dentro desse princípio, nosso primeiro passo é a técnica, que batizamos de "negar o *briefing*". Partimos do princípio que quando o cliente passa o *briefing* para a agência, a tendência natural é sair interpretando e tirando conclusões, com base unicamente na ótica do cliente. Mas a nossa teoria é que, via de regra, o cliente raramente sabe realmente o que quer, uma vez que sua análise crítica é restrita ao universo da sua empresa, ou, na melhor das hipóteses, do seu segmento de atuação. Então, para nós parece óbvio e natural questionar qualquer fórmula pronta, ou seja, "negar" o suposto *briefing*, e refletir se o objetivo daquela ação é realmente aquele demandado pelo cliente, ou se tem algo a mais por trás. Em primeiro lugar, acreditamos que é preciso pensar no "cliente do cliente", sua senhoria: o consumidor. É para ele que vamos trabalhar. Então a negação do *briefing* não significa simplesmente ignorar o conhecimento do nosso cliente, mas sim buscar uma nova compreensão do seu olhar; é a nossa capacidade de tentar mapear quem será de fato impactado por aquele desafio.

Um exemplo que ilustra bem nossa metodologia de negar o *briefing* é a estratégia desenhada para o Vitra, da JHSF. A construtora especializada em empreendimentos voltados para o público A, como o Shopping Cidade Jardim, em São Paulo, pediu para a TUDO, responsável na época por sua conta de propaganda, que criasse uma campanha publicitária para lançar um prédio de alto luxo. O empreendimento trazia um conceito inédito de arquitetura de impacto, inovação e *design*, cujo projeto levava a assinatura do premiado arquiteto polonês Daniel Libeskind. Com apenas 14 apartamentos únicos, com plantas exclusivas, com mais de 500 m², o Vitra seria um verdadeiro marco na história urbanística de São Paulo. Cada unidade seria vendida ao preço médio de R$ 12 milhões. No processo normal de uma agência, o *briefing* seria passado para a criação, para que os anúncios de jornal e o comercial de TV fossem criados, e para a área de mídia, para que os espaços publicitários fossem devidamente propostos. Mas é claro que a equipe da TUDO não se contentaria apenas com isso. A principal questão levantada pelo planejamento foi: quantos milionários dispostos a investir R$ 12 milhões em um apartamento existem em São Paulo? Mais que uma demanda de propaganda, esse *job* exigia uma estratégia certeira para atingir o alvo na mosca, utilizando uma linguagem que fosse atrativa para esse público tão exigente. Foi desse pensamento que surgiu a ideia de transformar o *show room* do empreendimento na Galeria Vitra, com uma exposição de projetos do próprio Libeskind, posicionando o prédio como uma verdadeira obra de arte. A ação foi tão assertiva que 12 dos 14 apartamentos foram vendidos nos primeiros cinco dias após o lançamento, que dentro do conceito criado pela TUDO não podia ser simplesmente um evento, e sim um *vernissage* da exposição do arquiteto.

Vamos devagar para ir depressa?

Um companheiro de longas datas, que ajudou a TUDO em *jobs* extremamente relevantes, um dia saiu com uma pérola: "Maurício, vamos devagar para ir depressa?". A frase foi considerada pela TUDO de uma profundidade filosófica fenomenal e rapidamente adotada como diretriz, pois na maior parte das vezes a gente quer ir tão depressa que acaba se atropelando no processo e tendo que fazer tudo de novo. Resultado: o que era para ser rápido acaba sendo mais lento do que o que nós gostaríamos.

Desse dia em diante, a agência incorporou em sua metodologia de planejamento essa tônica, apelida de "dois passos para trás". Antes de sair tendo ideias geniais, porém descontextualizadas, a equipe de planejamento respira fundo e dá uma espécie de *rewind*. Faz uma espécie de varredura de cenário, sem se prender em qualquer paradigma predeterminado. Às vezes chega a ser exagerado: se o *job* é um campeonato de bolinha de gude, o *planner* responsável pelo trabalho vai estudar a história do vidro. Se tem que criar ativações para uma marca nos estádios da Copa do Mundo, a agência mergulha na história do futebol mundial e faz uma imersão em tudo o que já foi feito em matéria de comunicação nos últimos dez mundiais. Pois a agência acredita que as melhores descobertas, aquele *click* que vai ajudar a criação a se inspirar para a grande sacada, muitas vezes vêm de fatos que a princípio não parecem relevantes. Via de regra, quando aplica essa técnica, obtém uma série de *insights* fantásticos, criando novas equações e soluções que serão fundamentais na estratégia que será apresentada ao cliente.

Dois passos para trás

A Nestlé, uma das maiores empresas de alimentos do mundo, nas vésperas de completar 90 anos de Brasil, vivia um enigma no mercado de Minas Gerais. Havia nitidamente uma ilha de resistência, pois a marca não conseguia a mesma *performance* alcançada em outras regiões do país. Precisava de ajuda para reverter esse cenário. Procurou então a TUDO para encomendar uma promoção. Depois de entender a situação, a equipe da agência fez uma reflexão com a gestora do projeto: se a Nestlé não havia ganhado essa batalha em nove décadas, não seria em três meses, com uma simples promoção, que a questão teria uma solução realmente efetiva. Propôs então um pacto: precisava dar dois passos para trás para entender aonde estava a raiz do problema e compreender melhor o comportamento do consumidor de Minas Gerais, suas bases de resistência, para só então propor uma estratégia que conseguisse conquistar de uma vez o coração do mineiro. Partindo do princípio de que a informação aplicada à comunicação é a essência de sua estratégia, e não simplesmente a ideia pela ideia, a TUDO dividiu o trabalho em três fases, que seriam implementadas não em três meses, mas ao longo dos três anos subsequentes. O primeiro ano seria investido no esforço de aprofundar o conhecimento sobre o mercado e traçar a estratégia e o plano de ação; o segundo ano seria para consolidar os avanços da marca e buscar o ponto da virada, para somente no terceiro ano atingir os resultados esperados.

Pacto aceito e firmado, deu-se início então a um trabalho intenso de pesquisa, cujo principal objetivo era entender o "país" chamado Minas Gerais. Quem é o mineiro? Como ele se comporta? Quais as influências culturais e sociais envolvidas? Como ele se relaciona com produtos e marcas? A busca incluiu um mergulho nas raízes culturais do estado, da obra literária de autores mineiros consagrados como Ziraldo, Carlos Drummond de Andrade e Adélia Prado a outros pensadores e pessoas que viviam em Minas, e portanto conheciam as origens daquele povo. A meta era entender os "porquês". Afinal, quais eram as verdadeiras razões por trás da resistência à marca Nestlé? Três meses depois, as primeiras descobertas começam a surgir. Alguns estudos de casos ajudaram a revelar erros cometidos por empresas que por lá passaram, como o que aconteceu quando uma das maiores operadoras de celular do país adquiriu a estatal de telefonia de Minas Gerais. A empresa decidiu lançar uma campanha de mídia de amplo alcance, cujo principal mote era que a partir daquele momento o mineiro poderia falar com o mundo. Mas, na verdade, esse consumidor, que tem quatro ouvidos, quatro olhos e meia boca, só estava interessado em se comunicar com seu vizinho, com sua família ou, no máximo, com as pessoas de seu relacionamento. Nessas inadequações de compreensão, foram identificados estereótipos, a grande maioria com "fundos de verdade", como o fato de que dificilmente um forasteiro "vira" mineiro, mas que pode sim ser "pertencido"; mas, por outro lado, para o mineiro o "fio do bigode" vale muito. Com seus estudos, a TUDO vislumbrou uma sociedade conservadora e fiel.

Mas foi do acervo de textos, matérias, poesias e músicas nos quais a equipe de planejamento se debruçou intensamente que veio o grande *insight* que permearia a estratégia a ser adotada pela Nestlé nos anos que se seguiriam. Esse acervo revelava claramente que a cozinha é um elemento muito presente na cultura mineira. É nesse ambiente que os laços familiares se reforçam, representados principalmente pelos almoços de domingo, quando as pessoas gostam de se reunir em volta do fogão para preparar e compartilhar os pratos tradicionais e celebrar a vida em volta de uma mesa. Historicamente, a cozinha é um espaço tão importante para os mineiros que nas casas mais antigas a porta principal era a dos fundos, sempre aberta para receber amigos e familiares.

O próximo passo seria cruzar os valores da Nestlé com os valores de Minas Gerais, lindos e sensacionais a partir do barroco, da natureza, da arquitetura e da culinária. A partir do princípio de ir devagar para ir depressa, dando dois passos para trás, conseguiu chegar ao alinhamento central da estratégia: *"a cozinha está no coração do mineiro e é na cozinha que a gente se encontra"*.

Assim como a cozinha era o elemento central da casa mineira, a cozinha passou a ser o elemento central de todas as ações que seriam colocadas em prática pela Nestlé, reforçadas por uma estética visual fortemente ligada aos valores mineiros, o que envolveu inclusive uma interferência na marca, ineditamente autorizada pela área de *branding* global, sediada na Suíça. Esse é um caso clássico de regionalização assertiva desenvolvido pela TUDO, usado para demonstrar sua teoria de "Brasil de muitos Brasis". Durante a apresentação do projeto para os gestores de marketing da Nestlé, a equipe usou uma metáfora que traduzia perfeitamente as peculiaridades de comportamento de diversas regiões brasileiras, que reforçavam a relação dos mineiros com a cozinha. Quando se trata de receber amigos e conhecidos em casa, o baiano, por exemplo, mal conhece alguém e já convida para passar o final de semana na casa de praia; o paulistano, por sua vez, recebe os amigos na sala, e muito provavelmente contratará um *buffet* e um *chef* de cozinha para preparar o jantar; o carioca prefere não se comprometer e marca no "quiosque"; o gaúcho promove logo um churrasco. E o mineiro? Esse encontro só pode ter como cenário a cozinha, de preferência na beira de um bom e velho fogão a lenha.

A estratégia proposta pela TUDO começava com o desafio de comunicar e compartilhar esse pensamento em todos os níveis da empresa, desde o ambiente interno, passando por parceiros e até mesmo governo. Houve uma decodificação em diversos planos de ação, sempre alinhados com o pensamento central. Nesse âmbito, uma das principais ações foi a de envolvimento dos promotores de vendas, tão importantes para o resultado comercial, e que pouco recebiam a atenção e o reconhecimento necessários. Foi realizada uma grande convenção de vendas, envolvendo gerentes e diretores, e que teve como convidados especiais ídolos de referência desse público, como os jogadores de futebol Marcelo Ramos, do Cruzeiro, e Éder Aleixo, do Atlético. O objetivo era levantar a moral da tropa, exaltando a importância do promotor de vendas na cadeia de valor e na relação da Nestlé com seus clientes. "Vocês agora são os nossos centroavantes que marcarão os gols para a nossa vitória!". De posse de um novo uniforme, com o novo *slogan* e autoestima elevada, o exército de vendedores foi para o campo atacar o ponto de venda. A logística era a mesma, o salário, o mesmo, mas a motivação foi decisiva para o resultado final das vendas.

O grande diferencial desse trabalho foi que, enquanto a maioria das outras agências provavelmente trariam como eixo principal apenas aquela promoção de vendas inicialmente imaginada pelo cliente, para a TUDO essa foi apenas uma das ações utilizadas em um contexto maior de inteligência estratégica, com ações integradas que incluíam ações de endomarketing, campanha publicitária, materiais de PDV, eventos e ativações. Dois comerciais de televisão foram produzidos, com textos dos mineiros Ziraldo e Luiz Ruffato, ambos relacionados a histórias da terra. Os filmes eram totalmente conceituais, não apareciam os produtos da marca, e a assinatura da Nestlé entrava apenas nos últimos três segundos, juntamente com o mote "a cozinha está no coração do mineiro e é na cozinha que a gente se encontra".

Após esse esforço inicial do primeiro ano e com o avanço gradativo das ações, o consumidor foi compreendendo que a Nestlé não queria ser uma "pseudo" mineira, mesmo que aparentemente ela pudesse ter direito a esse posto, sendo há anos uma das maiores empresas de alimentos do estado, de empregar centenas de funcionários e gerar trabalho e renda. O que a marca precisava era ser "pertencida", se inserindo naquele ecossistema, e não se sobrepondo, de forma soberana ou superior. A Nestlé queria estar ao lado do mineiro, respeitando acima de tudo sua cultura, suas raízes e seus valores.

E para coroar essa estratégia, a empresa pensava em deixar um legado para a população, algo que pudesse se perpetuar, além do período de uma campanha. Foi quando surgiu a oportunidade de criar a Cozinha Escola, dentro do Mercado Central de Belo Horizonte. A convite da TUDO e da Nestlé, o consagrado arquiteto Marcelo Rosenbaum projetou uma estrutura de bambus que adicionou brilho especial a um dos pontos turísticos mais tradicionais da capital mineira. O espaço viria a ser utilizado para oferecer aulas gratuitas de culinária para os visitantes do mercado, comandadas pelo *chef* mineiro Eduardo Maya, dentre inúmeras outras atividades.

Mas a maior conquista da Nestlé depois desses três anos foram os impactos em seu volume de vendas e, consequentemente, em seu *market share*. Um estudo disponibilizado pela empresa mostrou que, entre 2009 e 2011, 14 categorias de produtos da marca aumentaram sua participação de mercado em Minas Gerais. O volume efetivo de toneladas produzidas, um dos principais KPIs da Nestlé, aumentou 105,5% nesse mesmo período. Mas além dos resultados em vendas, a marca também pode comemorar o primeiro lugar geral na pesquisa Marcas mais prestigiadas de Minas Gerais, publicada pelo Estado de Minas, um dos jornais mais respeitados do estado.

Da conquista ao casamento

Quando estamos interessados em uma pessoa e queremos conquistá-la, se formos direto "ao ponto", avançando o sinal antes da hora, certamente a chance de a paquera "vingar" é pequena. Afinal, ir com muita sede ao pote pode fazer com que nosso alvo saia correndo e nem atenda mais ao telefone. Inspirados nessa simples metáfora, que faz parte do dia a dia de qualquer pessoa, foi que se criou na TUDO o terceiro passo da sua metodologia de planejamento, que a equipe chama carinhosamente e sem constrangimento de "chupada".

O movimento de conquista de um cliente é semelhante ao que acontece nas relações habituais e cotidianas das pessoas. Tudo começa com uma atração, uma razão pela qual um passa a se interessar pelo outro. A parti daí, inicia-se a fase de sedução, que pode ser mais longa ou mais rápida, a depender do nível de compreensão entre ambos. O sucesso dessa aproximação está diretamente relacionado à capacidade de saber a hora certa de dar o próximo passo e entregar "o ouro" tão esperado. Para que se atinja esse clímax, é preciso criar um clima, falar o que o outro quer ouvir, deixando-o ávido para descobrir o que vem depois.

A metodologia da "chupada" desenvolvida pela TUDO reflete sua capacidade de entender exatamente para quem está apresentando suas ideias e qual o tempo necessário para que a sedução tenha êxito. Afinal, cada um tem seu processo de maturação ou sua forma de compreender um pensamento, uma lógica. O grande desafio é quebrar conceitos anteriores e fazê-lo enxergar novas perspectivas, internalizando a mensagem não do seu próprio ponto de vista, mas sim do consumidor que está na ponta e que é o verdadeiro alvo.

Para isso, é fundamental preparar o terreno e criar o clima. Por isso, a apresentação é cuidadosamente pensada nessa etapa, considerando, por exemplo, se o cliente é novo, qual é o perfil de quem vai assistir, se é homem ou mulher, mais velho ou mais jovem, qual o grau de formação e capacidade de entender rápido o que está sendo apresentado.

Taticamente, antes de apresentar o que o cliente pensa estar querendo, a equipe procura contextualizar informações, demonstrar outras referências, contar uma história que faça sentido e seja capaz de gerar o envolvimento necessário para a aceitação do cliente. Muitas vezes, é possível sentir a boa receptividade antes mesmo de chegar à ideia final. A reação imediata geralmente é de surpresa, mas à medida que a apresentação vai avançando e a ficha do cliente começa a cair, o encantamento pelos novos caminhos e possibilidades transformadoras que vão sendo revelados toma conta da sala. E o sucesso já começa a ser comemorado na medida em que a agência percebe que o movimento de sedução foi capaz de ganhar a atenção do cliente e conquistar a confiança de que a TUDO será capaz de ajudar a mudar a história da sua empresa.

Estudo de caso: IBM

Logo no início de suas atividades, a TUDO foi convidada, para sua surpresa, a participar de uma concorrência para desenvolver o projeto de comemoração dos 90 anos da IBM no Brasil. A agência era ainda jovem e pouco conhecida no mercado, mas, por fazer parte do Grupo ABC, teve a oportunidade de mostrar alguns trabalhos em uma reunião de aproximação, e acabou sendo convidada a participar do desafio, que envolvia mais 12 agências. Ao receber o *briefing*, a TUDO tratou de aplicar sua metodologia de planejamento, a fórmula de sucesso que já havia sido experimentada com êxito em trabalhos anteriores. O primeiro passo foi negar o *briefing* e fugir dos modelos clássicos de celebração de uma data marcante como essa, tentando descobrir o que poderia ser feito de diferente ou causar certa estranheza. O objetivo buscado era mostrar a relevância da IBM na história do Brasil, bem como a grandeza dessa reconhecida empresa no cenário nacional. Aconteceu de, naquele mesmo ano, a TUDO estar fazendo um estudo sobre o samba, que por coincidência também comemorava um marco de 90 anos: faziam exatas nove décadas que havia sido lançado o primeiro fonograma de samba no Brasil. Dessa descoberta surgiu o primeiro grande *insight* que seria levado para o cliente. Havia um caminho de aderência nas duas comemorações que permitia ligar os 90 anos da IBM com o samba, algo que claramente tinha tudo a ver com o Brasil. Esse seria, portanto, o DNA da estratégia que foi desdobrada pelo planejamento e que a criação deu vida. Com o trabalho pronto para ser apresentado, a equipe então se preparou para a "chupada". O projeto seria apresentado e avaliado por um público quase que exclusivamente de mulheres. A TUDO então montou uma banca masculina de peso para fazer a sedução, composto por um cineasta, um diretor artístico especializado em grandes exposições e um publicitário, além de Maurício Magalhães, presidente da Agência, e Cleber Paradela, atual sócio e diretor de planejamento, que na época ocupava a posição de diretor de criação. A exposição começou com uma viagem pela história da IBM no Brasil desde os primórdios da marca no país, incluindo fatos e curiosidades que muitos dos presentes, mesmo trabalhando há anos na empresa, desconheciam. Foi ressaltada a capacidade da marca de se reinventar nas últimas décadas, se consolidando como uma das empresas mais inovadoras do mundo. Por fim, chegou-se ao clímax da apresentação, quando finalmente foi revelada a associação da IBM com o Brasil, por meio do samba. Quando chegou o momento de apresentar os desdobramentos do projeto, o grupo já tinha a percepção que a metodologia tinha sido assertiva. O resultado é que a TUDO foi escolhida para executar o projeto dos 90 anos da IBM, algo surpreendente para a época, já que estava concorrendo com grandes agências do país e era considerada a "zebra" do processo.

As habilidades e características do inovador

Ser um profissional inovador é uma vontade de muitos, mas muito mais do que desejo, é um desafio. A essa altura da leitura deste livro, já está bem claro que todos temos um potencial criativo e inovador e que isso transcende uma herança genética ou um traço biológico qualquer. Também já está bem compreendido que a capacidade inovadora pode ser trabalhada, desenvolvida e lapidada. Entretanto, só deixar sua capacidade inovadora fluir pode ser frustrante. É necessário desenvolver uma série de habilidades, diversas, complexas e intangíveis. Experiências passadas, inteligências adquiridas, variáveis culturais e um perfil de comportamento proativo são fatores que influenciam sobremaneira o inovador.

A solução de problemas é o ponto central a ser perseguido pelo inovador. Se você quer desenvolver sua capacidade inovadora, não tenha medo de enfrentar grandes problemas. Quanto maior o problema, maior a oportunidade de inovação. Foco, inspiração, perseverança e uma certa dose de imaginação são ingredientes importantes para o gestor inovador. Na busca da solução de problemas, é importante entender que os princípios tradicionais vigentes até então podem não ser mais aplicáveis. Alguns princípios norteiam hoje a atitude inovadora, como sustentabilidade e ética, valorização do ser humano, qualidade de vida e experiências positivas, maior e melhor produtividade, customização e qualidade nos processos produtivos, dentre outros. A Natura é uma empresa brasileira que valoriza fortemente questões de sustentabilidade e valorização do ser humano em suas ações com nativos amazônicos para a obtenção de sua matéria-prima. Outro exemplo é a forte ascensão dos produtos artesanais em diversos segmentos, que valorizam os princípios de qualidade produtiva, qualidade de vida e experiências positivas.

O inovador deve ainda ser um grande questionador dos padrões ortodoxos de gestão. As estratégias tradicionais de liderança e gestão de pessoas, de processo produtivo, visão de mercado e cliente, ou a relação entre lucro, sustentabilidade e bem-estar social, estão dando lugar a uma nova forma de pensar o negócio e a empresa, tanto no contexto interno quanto externo. O inovador deve nortear sua tomada de decisão sob um novo olhar corporativo, onde a empresa passa a exercer um papel ainda mais relevante na sociedade.

Descrevi no livro *Inovação e Gestão do Conhecimento*, da Coleção MBA Management, da Fundação Getulio Vargas (FGV Editora, 2015) do qual sou um dos autores, as 10 habilidades do inovador, que reproduzo a seguir:

1. abertura para "pensar fora da caixa" (*"thinking outside the box"*);
2. capacidade de prever o futuro;
3. talento e bom capital intelectual;
4. conhecimento técnico;
5. preparação para enfrentar mudanças e quebrar paradigmas;
6. disposição para assumir riscos;
7. foco na resolução de problemas importantes aos clientes;
8. automotivação;
9. pensamento sistêmico;
10. liderança e autonomia.

1. Abertura para "pensar fora da caixa" (*"Thinking outside the box"*)

Significa ser capaz de analisar e compreender um determinado fenômeno com visão ampla, mais abrangente, que transcenda as fronteiras técnicas e os conceitos pré-estabelecidos sobre o tema. Pode ser entendido ainda como uma maneira de pensar livre, onde as ideias e o conhecimento fluem e ultrapassam as fronteiras do óbvio e do convencional. Para desenvolver essa habilidade, os paradigmas devem ser deixados de lado e os preconceitos, combatidos. A princípio, tudo pode ser permitido e possível, desde que respeite a legalidade e os valores da empresa. "Pensar fora da caixa" pode ser um exercício pessoal, mas o ideal é que seja aberto a um grupo, onde as propostas circulam e são discutidas e amadurecidas. Assim, há um efeito somatório e as ideias passam a ser aperfeiçoadas ou retrabalhadas sob novos ângulos. No Capítulo 2, sobre criatividade, descrevemos uma forma avançada de pensar em "novas caixas". Na verdade, essa é uma maneira de ampliar a visão e buscar cenários diferentes daqueles previamente condicionados em nossa mente.

2. Capacidade de prever o futuro

Significa ver além, onde a maioria não consegue enxergar. Não está relacionada a previsões futuras, baseadas em dados estatísticos, mas em ser capaz de fazer uma leitura do cenário, do mercado, do comportamento do cliente, observando tendências futuras, identificando pequenos sinais de mudanças ou determinadas características latentes que poderão ser ampliadas e evidenciadas no futuro. Com essa habilidade, torna-se possível antecipar ações e oferecer algo novo de forma pioneira.

3. Talento e bom capital intelectual

O inovador é uma pessoa genuinamente talentosa, possui inteligências múltiplas e capital intelectual suficiente para desenvolver ideias geniais, encontrar novas soluções ou mesmo aperfeiçoar soluções existentes. Esse é um conceito extremamente amplo, multidisciplinar, onde experiências passadas, as mais diversas possíveis, podem ser úteis na formatação de uma ideia e na viabilização da mesma. Capital intelectual é um patrimônio que se adquire com a vida, com uma somatória de ativos que vão sendo somados ano a ano. Podem ser adquiridos pela formação acadêmica clássica, escola, universidade e cursos de pós-graduação. Mas são provenientes também de outras vias paralelas ou pouco convencionais, como em viagens (eu pessoalmente adoro viajar e acredito muito que experiências adquiridas em viagens são extremamente úteis para gerar boas ideias), no trabalho (o desenvolvimento de habilidades práticas e a vivência do dia a dia operacional também são fontes de formação de talentos) e nas vivências humanas (costumo dizer uma frase, fruto de pensamento pessoal, que considero mágica: "felizes aqueles que aprendem com as experiências dos outros, sem necessariamente ter que passar por elas"). Aprender com a sabedoria de outros é uma boa forma de adquirir capital intelectual.

4. Conhecimento técnico

Conhecimento técnico não é sinônimo de talento. Se refere ao domínio específico de uma determinada técnica, processo ou funcionamento, que será fundamental no desenvolvimento prático da ideia. Com o conhecimento técnico é possível reter a tecnologia da criação por mais tempo, além de aumentar o nível de dependência em relação ao inovador. Não é uma habilidade vital, mas é recomendável. Os modernos conceitos de Gestão do Conhecimento prezam que é fundamental que o capital intelectual adquirido por conhecimento técnico possa ser convertido em ativo para a empresa. Sem isso, numa eventual saída de um colaborador talentoso, esse conhecimento pode ser perdido.

5. Preparação para enfrentar mudanças e quebrar paradigmas

Estar preparado para enfrentar mudanças e quebrar paradigmas é uma das características mais fáceis de dizer, mas difíceis de praticar. O ser humano é tipicamente conservador no que tange a suas atitudes em relação ao novo. O desconhecido gera ansiedade, insegurança, medo, o que acaba se tornando uma barreira, forçando ao estado de conforto. A previsibilidade de fazer, pensar e agir como a sociedade convenciona infelizmente é o habitual, o que dificulta enormemente a inovação. Essa é uma das inúmeras razões que explicam por que a inovação é ainda hoje muito mais um conceito a ser desenvolvido do que uma atitude a ser tomada. A regra é pensar diferente, fora dos padrões, questionar o óbvio, entender que a verdade de hoje é uma circunstância da realidade do momento, que pode ser alterada. A verdade do futuro pode não ter absolutamente nada a ver com a verdade de hoje.

6. Disposição para assumir riscos

O risco é parceiro da inovação. Não é possível inovar sem apostar no incerto. Quando o objetivo é quebrar paradigmas, antever o mercado e ser pioneiro, certamente será impossível assegurar que nada de errado ocorra e o sucesso pode não vir. Falhas podem acontecer, mas sem a coragem de arriscar, nada será alcançado. Vale salientar que essa habilidade é impactada, de alguma forma, pela personalidade do indivíduo. Experiências de êxito ou fracasso no passado podem interferir na forma como a pessoa lida com o risco. Outro ponto interessante é que o sucesso não se aprende, quero dizer, o fato de alguém ter tido uma experiência anterior positiva não a credencia a ter outra experiência feliz. Isso quer dizer que o risco continua na próxima empreitada.

7. Foco na resolução de problemas importantes aos clientes

Essa regra é fundamental para o sucesso da inovação. Muitas empresas ainda estão presas aos departamentos de pesquisa e desenvolvimento de produtos, cheias de cientistas tentando aperfeiçoar algo sob a ótica interna, técnico-operacional, da engenharia do processo. É necessário mudar rapidamente o foco e a cultura organizacional e voltar-se para o cliente e o mercado. A empresa deve se concentrar em desenvolver soluções que atendam às necessidades dos clientes, se possível, aquelas ainda não resolvidas e que demandam enorme esforço.

O que devemos estar sempre nos perguntando é: como minha ideia pode ser útil ao cliente? Como resolve o problema dele? Que tipo de necessidade meu cliente tem que não está sendo atendida corretamente pelo mercado? Lembre-se que para uma ideia inovadora se tornar um sucesso é fundamental que a solução seja a esperada e desejada pelos clientes.

8. Automotivação

Inovadores possuem uma motivação intrínseca elevada, que os estimula e impulsiona, algo como uma força interna propulsora que energiza as ideias e minimiza os riscos. A motivação ajuda a manter o foco e o pensamento positivo. Podemos entender ainda como a "paixão inovadora" aquela obsessão por criar algo novo, por ser o agente transformador do mundo, por estar sempre à frente como protagonista, e não como seguidor.

9. Pensamento sistêmico

Permite ao inovador integrar dados e informações díspares; estimula a curiosidade pelo desigual e diferente; leva-os a unir os pontos de um quebra-cabeça. É analisar um problema sob diversos pontos de vista e entendê-lo a partir de várias perspectivas. Essa é uma habilidade que se associa ao "pensar fora da caixa" e à "capacidade de prever o futuro", ou mesmo que poderia ser um pré-requisito para as mesmas.

10. Liderança e autonomia

Inovadores normalmente gostam de fazer sua própria pesquisa de mercado. Em particular, querem passar um tempo com os clientes para entender melhor um monte de "porquês", para entender suas necessidades específicas e, muitas vezes, ainda desconhecidas. Assumem a frente do processo, liderando os demais envolvidos, funcionando como promotores reais da inovação. Habitualmente, reivindicam o poder hierárquico para obter recursos e remover obstáculos, além de acessar relacionamentos através do *networking*, tanto interno quanto externo à organização.

Partindo do princípio que a criatividade pode ser aprendida, treinada e desenvolvida, Jeff Dyer, Hal Gergersen e Clayton M. Christensen, em seu livro *O DNA do Inovador*, descrevem **cinco disciplinas dos inovadores**, ou seja, as cinco habilidades que podem ser treinadas e que distinguem os grandes inovadores do restante dos indivíduos.

1. **Associar** – essa é talvez a maior das habilidades dos inovadores, ou seja, a capacidade de interligar ideias, conceitos e situações aparentemente distintas, resultando em novas concepções, modelos e respostas, que muitas vezes derivam de associações não tradicionais, oriundas de fatores completamente distintos. As novas associações tendem a ser surpreendentes, quanto mais ilógicas e irracionais possam inicialmente parecer.

2. **Questionar** – estar sempre atento, interessado em buscar as explicações necessárias e a esclarecer as dúvidas pertinentes são capacidades centrais. Faça todas as perguntas necessárias, boas ou ruins, praticando de forma sistemática e construtiva, procurando compreender o porquê das coisas, com mente aberta e espírito crítico construtivo. A curiosidade é a energia que alimenta o inovador.

3. **Observar** – a observação atenta do mundo à sua volta lhe permitirá conhecer e entender melhor as coisas mais profundamente. Aí pode estar o detalhe necessário para a geração do *insight*. Um bom observador combina atenção, paciência e persistência.

4. **Ter um bom *networking*** – ter boas conexões para compartilhar e irrigar novas ideias é uma boa habilidade do inovador. Steve Jobs não colocava nenhuma ideia em prática sem um bom bombardeio com outras pessoas. Nunca é demais lembrar que o *networking* deve ser amplo e diverso, sem estereótipos, sem tendenciamentos. As ideias possivelmente serão melhoradas com a ajuda de outros. Não podemos esquecer que a Inovação Colaborativa (descrita no Capítulo 6: Principais modelos de inovação) parte justamente do princípio de compartilhar uma ideia para que, de forma colaborativa, ela possa ser aperfeiçoada.

5. **Experimentar** – colocar em prática não é tarefa fácil. Comentamos no Capítulo 2, sobre criatividade, que nossos bloqueios do passado nos tolhem em gerar boas ideias, mas também de colocá-las em prática. Tudo parece ser difícil e distante. Assim, a capacidade de experimentar, testar, mesmo que seja um protótipo, é fundamental para avaliar se a ideia funciona mesmo da forma como foi previsto anteriormente, para que possamos corrigir possíveis erros e melhorar o que pode ser melhorado.

Referências

DYER, Jeff et al. The Innovator's DNA: mastering the five skills of disruptive innovators. *Harvard Business School*, December 2003.

INOVAÇÃO E GESTÃO DO CONHECIMENTO. Coleção MBA Management. Fundação Getulio Vargas, São Paulo: FGV Editora, 2015.

MANSFELD, M. N.; HÖLZLE, K.; GEMÜNDEN, H. G. Personal characteristics of innovators – an empirical study of roles in innovation management. *International Journal of Innovation Management*, v. 14, nº 6, p. 1129–1147, 2010.

PADUA FILHO, W. C.; ALMEIDA, A.; BASGAL, D.; RODRIGUEZ, M. *Inovação e Gestão do Conhecimento*. 1. ed. Rio de Janeiro: FGV Editora, 2015.

RAO, Jay; WEINTRAUB, Joseph. How innovative is your company's culture? *MIT Sloan Management Review*, v. 54 (3), p. 28-37, 2013.

REITZIG, Markus. Is your company choosing the best innovation ideas? *Mit Sloan Management Review*, June 2011.

PROCESSO E INOVAÇÃO

4

As bases do pensamento inovador

Neste capítulo, vamos analisar quais são as premissas do pensamento inovador, bem como quais teorias estão relacionadas e envolvidas com o processo. Incerteza e irracionalidade estão na base do pensamento inovador. Primeiro, porque a única certeza que temos é que nada é eterno, perene, verdade absoluta. A história da humanidade é repleta de exemplos que mostram como uma certeza pode ser rapidamente quebrada quando novas teorias ou verdades acontecem. A irracionalidade é outro princípio básico. Afinal, a razão retarda a inovação, na medida em que cria ambientes conservadores e avessos ao risco. Pensamentos racionais normalmente cegam a visão do amplo, do diferente, do pouco óbvio, do absurdo. Para inovar, é preciso irracionalidade. É necessário questionar o óbvio, quebrar os paradigmas vigentes, questionar conceitos convencionais.

Mas como o ser humano tem ideias? De onde elas vêm? Responder a essas perguntas é algo um pouco complexo. Todo ser humano é dotado de habilidades e inteligência suficientes para ter ideias. Steven Johnson, em seu livro *De onde vêm as boas ideias* (2010), descreve alguns princípios: primeiro, que ideias são conectadas umas com as outras e se sucedem como portas: abra uma delas e encontrará novas. Mas, para que isso aconteça, é importante que haja algo que as conecte, que as faça ter sentido e que uma seja capaz de "puxar" a outra. A chave é não isolar uma ideia, não deixar que ela se perca, mas tentar conectá-la com a maior quantidade possível de portas abertas. Além disso, deixar que se forme uma rede, um emaranhado de ideias que se relacionam umas com as outras, mesmo que aparentemente de maneira improvável. Da mesma forma que impulsos cerebrais diversos e provenientes de diferentes regiões podem se unir em uma ideia única, uma única ideia pode também ser ampliada a várias interpretações e aplicações. Imagine o que é possível fazer com uma caneta: pode ser usada para escrever, mas algumas mulheres têm o hábito de prender o cabelo utilizando uma caneta. Isso acontece porque uma base de ideias construída para um determinado propósito pode gerar novos agentes, que configurarão novos sentidos à estrutura.

Segundo, é fundamental criar um ambiente favorável e que possa oferecer uma maior possibilidade de que colisões aleatórias de pensamentos aconteçam de maneira constante. Outro ponto interessante é o fato de que as ideias levam tempo para se conectar. É como se as portas fossem se abrindo aos poucos, cada uma no seu devido tempo, evoluindo até que algo ganhe sentido próprio e seja capaz de agregar valor. As ocupações diárias são inimigas desse processo e não permitem que essas intuições cheguem a algo significativo. A intuição muitas vezes se perde antes mesmo de as ideais terem a oportunidade de se conectar e crescer. Por isso, escreva tudo sempre que possível e deixe o pensamento fluir, sem preconceitos e barreiras. A inovação não deve ter prazo, nem de começo nem de fim, como em um contrato. Ela não pode ser planejada, já que os elementos que a compõem nem sempre são sincrônicos, previsíveis ou programáveis. As ideias surgem, na grande maioria das vezes, no improviso, de incidentes fortuitos, em momentos onde menos se espera. Não adianta criar ou escolher o momento adequado, achar que estar em um cenário tranquilo, de paz, sem fatores que possam interferir, vai ajudar a fluir essa ou aquela ideia. Haverá mais chance de que boas ideias possam aparecer em ambientes com certo nível de ruído e erro, às vezes conturbados ou polêmicos. Esses fatores conduzem a situações imprevisíveis que fomentam a inovação.

Design Thinking

Imagine se uma empresa não produzisse mais produtos acabados, mas sim plataformas de solução que possibilitassem a criação de valor para as pessoas, de acordo com suas necessidades e desejos individuais. A mudança do foco entre a produção de produtos tangíveis para o intangível das soluções é uma das grandes tendências que guiam o processo inovador no momento. Resolver a vida do cliente, buscando algo que seja rápido, ágil, seguro, confortável, acessível, cômodo.

Infelizmente, a maioria das pessoas da minha geração recebeu por anos uma educação formal, tradicional e clássica, onde a resolução de problemas era baseada primeiramente na identificação tangível do fato, com posterior aprovação das respostas com os dados em primeiro lugar, antes de experimentá-lo. Não é difícil entender o quanto essa linha de raciocínio é uma barreira à inovação.

Design Thinking é um metodologia criativa e prática para resolução de problemas, usando a visão dos *designers*, desenvolvida pela Universidade de Stanford, Califórnia, pelo professor Rolf Faste, e consolidada e popularizada por David Kelly, também professor na mesma intituição. Essa metodologia está relacionada à observação do cotidiano das pessoas vivenciando suas experiências, sob diferentes ângulos e perspectivas. Da mesma forma que os *designers* criam um determinado projeto com uma visão própria de espaço, tempo e forma, tentando criar soluções que vão de encontro com a visão de seu cliente, no *design thinking* também se busca a criação de protótipos de soluções de conflitos, problemas e necessidades, sob uma perspectiva mais ampla, não só tendo a preocupação de alinhamento com a visão do cliente, mas tentando ampliar o expectro da análise. É focar na interação e na experimentação do mundo real, ao invés de em pesquisas e bancos de dados, como no pensamento tradicional.

O processo de design sob a ótica dos *designers*:	
➢ Ineficiência × eficiência	➢ Previsível × imprevisível
➢ Ambiguidade	➢ Consciente × inconsciente
➢ Discordância	➢ Foco baseada em experiências e emoções
➢ Reflexão	
➢ Criatividade	➢ Percepção apurada
➢ Mesclar ideias e tendências	➢ Valorização dos detalhes
➢ Divergência × convergência	➢ Decisão baseada na expectativa dos clientes

Para visualizar os processos sob a ótica dos *designers*, procure enfatizar as imagens em detrimento das palavras. Imagine as pessoas em espaços, situações, ações, em movimentos reais, dentro de seus contextos de vida. Isso abrirá canais criativos em seu cérebro. *Design Thinking* é desenvolver o poder de observação, a curiosidade e a habilidade de analisar o mundo para encontrar soluções para problemas tradicionais.

Essa metodologia pode ser muito útil para os negócios, na medida em que ajuda a desenvolver flexibilidade e curiosidade, permitindo a criação de protótipos e soluções que podem ou não ser a resposta certa, mas colocam o gestor na direção certa. Além disso, estimula a pensar como as pessoas usam produtos e serviços, aumentando sobremaneira as chances de o resultado final estar bem mais alinhado às necessidades do cliente. É uma ferramenta que auxilia a empresa a entender um produto sob o ponto de vista do consumidor, indo além de uma pesquisa quantitativa ou mesmo qualitativa em salas de espelho, como que entrando na casa do cliente e observando como ele efetivamente utiliza os produtos. Pessoas efetivamente não sabem o que está em suas mentes em termos de experiência futura. Pesquisas jamais serão capazes de responder a essa questão. É preciso pensar o futuro em favor do cliente, por ele e para ele.

A Professora Jeanne Liedtka, da Darden School of Business – University of Virginia, juntamente com um grupo de estudiosos, propõe a metodologia do *Design Thinking* baseada em quatro princípios:

- enfatizar;
- visualizar;
- cocriar;
- interagir.

Apesar de estar muito em voga e ter virado um modismo empresarial, *Design Thinking* não é uma ferramenta isolada. Não é um método que vai resolver todos os problemas, nem tampouco é aplicado a todas as situações e a todas as empresas. Dependendo da situação, outros métodos convencionais de solução de problemas devem ser empregados. Vamos chamá-los aqui de Médoto Linear de Análise, ou seja, metodologias clássicas de resolver conflitos sob a ótica tradicional e linear, sob o ponto de vista da empresa, que busca a solução que mais convém aos processos e ao funcionamento da organização. Então, onde ele será aplicado? Segundo os autores, dois tipos de problemas devem ser considerados:

1. Problemas tranquilos e fáceis de domar e controlar

Esse perfil de problema é caracterizado quando:

- são tranquilos e convencionais;
- há uma concordância em relação à causa do problema;
- há uma relação de causa e efeito clara;
- usa-se um processo linear de busca de solução e dados existentes.

2. Problemas perversos

Estes são caracterizados quando:

- são conflituosos, difíceis e cruéis;
- nenhum dos princípios anteriores é aplicável;
- não há consenso quanto à causa nem quanto às possíveis soluções;
- existem muitos dados, mas não são congruentes e sim conflitantes.

Diante disso, é hora de identificar qual é o seu problema: domável ou perverso? Para auxiliá-lo a definir qual opção escolher, tente responder às seguintes perguntas:

1. Seu problema está centrado no ser humano?

Se existe uma profunda compreensão de quem são os reais usuários envolvidos no problema, o DT será a metodologia mais apropriada. Caso existam poucos seres humanos envolvidos no problema ou na sua solução, talvez o Método de Análise Linear seja o recomendado.

2. Como é a clareza de compreensão do problema?

Se precisamos explorar bem o problema para chegar a um acordo, melhor utilizar o DT. Se entendemos claramente o problema e com certeza já estamos buscando resolvê-lo no caminho certo, é sugerido o Método de Análise Linear.

3. Qual o nível de incerteza?

Design Thinking será útil quando há muitos dados e evidências presentes ou passadas que são desconhecidas. Será menos necessário quando os dados existentes são suficientes para nos ajudar a prever o futuro.

4. Quais os dados disponíveis?

Vamos pensar em DT quando existem muito poucos dados relevantes existentes para análise. Entretanto, se existem várias fontes claras de dados, podemos optar pelo Método de Análise Linear.

A metodologia proposta por Jeanne Liedtka baseia-se em quatro estágios sequenciais, onde quatro perguntas orientam as ações em cada uma das etapas:

1ª Etapa: O que é?

Essa etapa inicial refere-se à avaliação da realidade atual. Começa com a coleta de dados, os mais diversos e na maior quantidade possível, sobre os usuários para os quais se deseja criar valor. A maioria deles é obtida através de pesquisas qualitativas, observacionais, de vivência prática no cotidiano real do cliente. A identificação da oportunidade de solucionar um problema que ainda esteja sendo atendido adequadamente é o ponto de partida.

2ª Etapa – O que acontecerá se?

Baseado nos dados obtidos sobre a realidade atual, volta-se para a visão de futuro, onde as ideias saem para o mundo real, do lado de fora, considerando possibilidades e hipóteses. Aqui, há amplo espaço para a imaginação. Pense em diferentes formas de solucionar o problema que você identificou como oportunidade. Considere múltiplos caminhos e possibilidades sem preconceito, assumindo que, a princípio, tudo pode ser possível. Nessa fase, também se avaliam oportunidades para novos negócios.

3ª Etapa – O que emociona?

Após esgotar todas as possibilidades de solução, passe agora a priorizar o que provavelmente será viável. Essa é uma etapa crucial e significa de fato identificar o ponto-chave de encantamento do cliente, o diferencial competitivo, o que realmente o cliente deseja.

4ª Etapa – O que funciona

A última etapa visa criar o protótipo e levá-lo de volta ao cliente-alvo, para verificar se a solução efetivamente funciona.

Seria possível definir um perfil para o *Design Thinker*, ou seja, o que caracteriza os indivíduos que pensam como os *designers*? Segundo Brown (2008), eles se caracterizam por:

Empatia – são capazes de pensar o mundo sob várias perspectivas, em detalhes, com ênfase nas pessoas. Assim, podem imaginar soluções que efetivamente são desejáveis e que podem satisfazer necessidades. Eles percebem coisas que os outros não percebem e usam seus conhecimentos e *insights* para inspirar inovação.

Pensamento Integrativo – eles não só contam com processos analíticos, mas também com os salientes e contraditórios aspectos de um problema, criando novas soluções que vão além das alternativas existentes.

Otimismo – eles não desistem diante dos desafios ou limitações de um determinado problema, buscando sempre uma possível solução que possa ser melhor do que as alternativas existentes.

Experimentalismo – questionam e exploram as possibilidades de maneira criativa que levem a novas direções.

Colaboração – *design thinkers* não trabalham sozinhos. Estão cercados de pessoas com talentos, geralmente múltiplos, talentos estes que eles próprios possuem, na maioria das vezes.

As bases do processo de inovação

Estamos, desde o início deste livro, enfatizando que a inovação está relacionada à mudança, a pensar de forma diferente e intuitiva, relaciona-se com criatividade, e está pautada por uma série de conhecimentos diversos. Assim, parece que tudo é muito empírico, intangível e imprevisível. Entretanto, a inovação pode e deve ser difundida e implementada através de processos bem definidos, que servirão como guia para pessoas e empresas. Muitas instituições acadêmicas e pesquisadores em todo o mundo estudam o processo da inovação. Baseado no modelo de Harvard, proposto por Clayton Christensen e colaboradores, e no modelo por nós proposto no livro *Inovação e Gestão do Conhecimento*, da FGV Management, proponho neste livro a abordagem do processo de forma mais ampla e detalhada. Acrescento ainda uma visão cíclica, ou seja, de que a inovação não para, não tem começo, meio e fim, mas é um eterno e interminável ciclo de ideias, criadas e aperfeiçoadas continuamente. Para isso, chamo o processo de "Ciclo de Inovação":

1. Identificação da oportunidade

Observar os ambientes de negócios, perceber o mercado e, principalmente, os comportamentos do consumidor, devem ser atitudes constantes em empresas inovadoras. A ordem é tentar identificar os problemas que não estão sendo resolvidos, procurando lacunas que não estão sendo preenchidas pelos concorrentes e as necessidades que ainda não foram detectadas. Tudo isso resultará na identificação da oportunidade a ser explorada, no problema a ser solucionado. Inovadores sempre serão aqueles que enxergam luz onde todos veem trevas. Isso quer dizer que as verdadeiras oportunidades estarão em contextos não percebidos pela maioria das pessoas. Pode parecer incrível, mas quanto mais estranha a sua visão, quanto mais atípica e criticada for, maiores serão as chances de você estar diante de uma chance inovadora. Mas se for óbvia, é muito provável que outros também enxerguem as mesmas oportunidades que você.

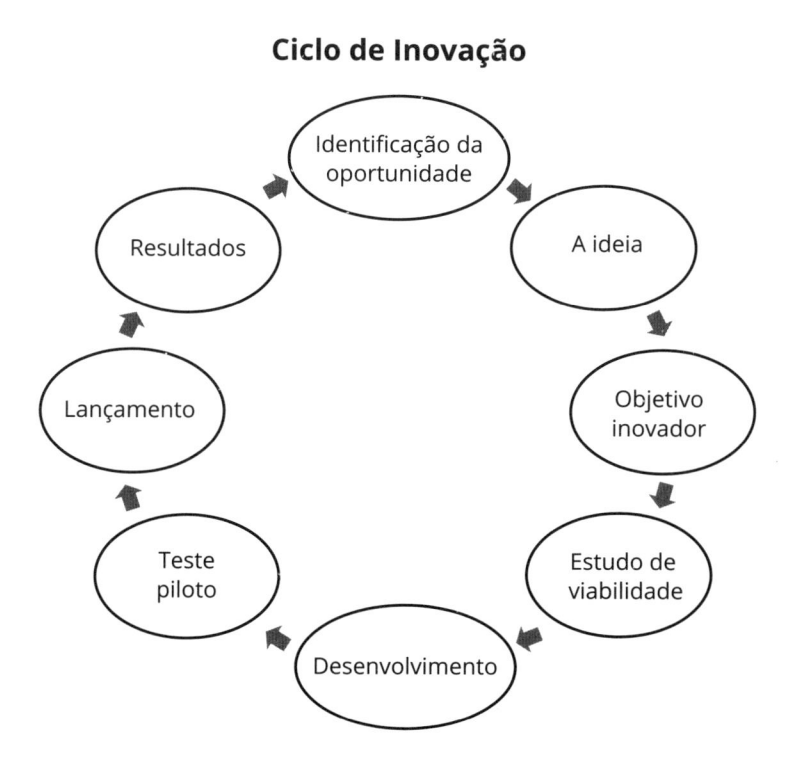

Ciclo de Inovação

Identificação da oportunidade → A ideia → Objetivo inovador → Estudo de viabilidade → Desenvolvimento → Teste piloto → Lançamento → Resultados → (Identificação da oportunidade)

A gestão da informação e a análise constante do banco de dados (*Big Data*) são também muito importantes para alavancar projetos inovadores. Levantar todo tipo de informação sobre os clientes-alvo é relevante nessa fase. Quanto mais você souber sobre seus clientes, maiores serão as chances de inovar com bons resultados.

2. A ideia

Após a identificação da oportunidade, uma ideia passa a ser pensada com o objetivo de atender à oportunidade identificada. Aqui será o momento de colocar a imaginação e a criatividade a toda prova, sem tolhir nenhuma possibilidade, avaliando o máximo de alternativas possíveis. Tente praticar todos os conceitos já vistos neste livro no que se refere a pensar diferente, quebrar paradigmas, pensar "fora da caixa", desafiando todos os conceitos que surgirem. Bombardeie as ideias com novas ideias, compartilhando possibilidades com sua equipe de talentos. Deixe sua mente fluir. Permita que uma ideia abra novas portas e o leve para novos caminhos. Esteja ainda preparado para romper modelos vigentes. Claro que a melhoria contínua é sempre a forma mais fácil de pensar, mas as ideias disruptivas serão aquelas que o levarão para mercados inexplorados, com alta agregação de valor e capazes de proporcionar resultados magníficos. A recomendação é: esteja aberto e procure ideias disruptivas, mas não se prenda a essa necessidade, como se o mundo fosse criar um iPhone ou o *Cirque du Soleil* todos os dias. Se insistir em alcançar feitos magníficos, a chance é que você consiga ainda menos conquistas, pequenas ou não.

Assim Steve Jobs se referia à ideia: "Quando surge uma boa ideia, parte do meu trabalho é fazer com que ela circule, apenas para observar o que pessoas diferentes acham, fazer com que falem sobre essa ideia, discutir com elas. Movimentar uma ideia em um grupo de 100 pessoas diferentes, explorando calmamente os diferentes aspectos. Apenas explorar a ideia".

3. Objetivo inovador

A partir das opções de ideias, define-se qual é de fato o objetivo do projeto inovador, qual é a ideia principal que será adotada, aquela com maior chance de se tornar viável. Na fase do desenvolvimento das ideias, a liberdade e a amplitude são bem-vindas. Mas a definição do objetivo inovador exigirá foco. Em cima do objetivo, é desenvolvido um protótipo, que pode ou não ser um piloto, para que a partir daí possa ser estudada a sua viabilidade. Veja o que Steve Jobs dizia sobre o objetivo inovador: "Inovação é saber dizer não para mil boas ideias, para ter a certeza de que não vai seguir o caminho errado ou tentar fazer coisas demais".

Quer inovar? Então escolha a ideia a ser desenvolvida e desprenda concentração e energia nela. Não dá para achar que todas as ideias podem ser colocadas em prática. Concentre-se nas ideias que têm mais condições de executar da melhor maneira possível.

4. Estudo de viabilidade

Definido o objetivo, passa-se para a próxima etapa, que é o estudo da viabilidade da ideia, ou seja, a verificação da estrutura necessária para que ela se torne real. Ver se os meios que serão utilizados são factíveis, bem como se os caminhos que serão trilhados estão iluminados. A viabilidade deve ser estudada sob duas frentes: técnica e operacional.

A viabilidade técnica envolve a verificação das tecnologias disponíveis, se estas serão efetivamente suficientes ou se será necessário adquirir novas tecnologias. Aspectos relacionados ao custo dessa tecnologia precisam ser considerados, bem como se ela é interna ou virá de fora da empresa, através de Inovação Aberta. Outro aspecto voltado para a viabilidade técnica é se há pessoal técnico devidamente qualificado para desenvolver e operacionalizar o projeto. É possível buscar parceiros externos para projetos de propósito específico através da Inovação Colaborativa. Outra possibilidade seria se associar a outras empresas e desenvolver projetos em conjunto. Em muitos casos, não é viável manter internamente um grupo grande de colaboradores, pois projetos inovadores não acontecem toda hora e na mesma intensidade. Mesmo porque as habilidades necessárias podem ser variáveis. Assim, parcerias podem e são muito bem-vindas.

O segundo grupo de estudo de viabilidade é o operacional, que implica, antes de mais nada, em checar os recursos financeiros necessários para o início, desenvolvimento e implantação do projeto. Em alguns casos, pode ocorrer de a empresa dar início ao processo inovador e levá-lo até uma determinada fase, para que, a partir de determinado momento (seja o desenvolvimento das pesquisas necessárias ou o lançamento e comercialização do produto), busque a associação com outras empresas ou investidores para sustentar a continuidade do processo até o final. O dinheiro para viabilizar um projeto de inovação pode vir de várias fontes: de capital próprio da empresa, de investidores "anjo" (investidor pessoa física ou grupo de investidores especialmente voltados para projetos de inovação e empreendimentos de *startups*), de plataformas digitais de *crowdsourcing*, empréstimos bancários, fundos de capital de risco ou até mesmo através da abertura de capital em bolsa de valores, com a venda de ações.

Aspectos ligados à legislação precisam ser considerados durante o estudo da viabilidade. É importante consultar as normas e leis vigentes nos mais diferentes orgãos, agências reguladoras e na justiça como um todo.

A estrutura operacional não pode ser esquecida. Essa avaliação está relacionada aos processos internos da empresa que darão suporte ao processo específico de inovação. Nesse contexto, o ambiente físico, bem como máquinas e equipamentos, devem estar prontos para atender às demandas vindouras.

Finalmente, dentro ainda das questões ligadas à operação, nunca é demais lembrar que é fundamental contar com o apoio do alto comando da empresa, que deve apoiar, se possível incondicionalmente, todo o processo.

5. Desenvolvimento

É a execução interna propriamente dita, onde a ideia finalmente ganha forma e se torna realidade. Aqui, o processo deve receber especial atenção em todos os detalhes, onde cada etapa deve ser rigorosamente acompanhada, seguindo as diretrizes estudadas nas fases anteriores. O alinhamento das pessoas, bem como a definição das equipes de trabalho, também devem merecer atenção, com possíveis sinergias a serem exploradas.

6. Teste piloto

Após a ideia estar viabilizada e desenvolvida, ela está pronta agora para ir para o mercado, externo ou interno, dependendo do tipo de inovação. Essa etapa é normalmente negligenciada, seja pela ansiedade de ver a inovação já implementada, seja pela necessidade de demonstrar resultados práticos. Entretanto, dependendo do modelo e do tipo de inovação, pode ser fundamental para os ajustes finais, antes de ganhar o mercado em grande escala. Nessa fase, clientes podem ainda fazer pequenos ajustes e melhorias que possam ter passado despercebidos ou mal avaliados anteriormente. É possível ainda, tendo por base o *feedback* dos consumidores, desenvolver novas ações, adaptar e refinar o protótipo para novas situações ou avaliar novas oportunidades de negócio.

7. Lançamento

Finalmente, é chegada a hora de entregar ao mercado e ao cliente a solução para o problema previamente identificado como oportunidade. É importante considerar que muitas vezes o processo não para por aí, pois as ideias podem gerar novas necessidades ou mesmo necessitar de inovações constantes. A inovação incremental deve ser sempre considerada como estratégia para aperfeiçoamento.

8. Resultados

Como está na origem do conceito de inovação, nada poderá ser comemorado se não houver resultado concreto, seja para clientes, empresas, sociedades ou organizações. É a etapa final, a geração de resultados concretos, sejam financeiros, de responsabilidade social ou de sustentabilidade. É interessante desenvolver metodologias específicas para mensurar os resultados. Estes podem ser medidos por pesquisas de satisfação com clientes externos ou internos, ganhos de participação de mercado, acompanhamentos financeiros (rentabilidade, lucro) ou aumento de vendas. Os resultados precisam ser acompanhados constantemente e controlados com rigor. Baseado nos resultados obtidos, o processo de inovação poderá se abrir em novos processos, pois ideias inovadoras podem surgir.

Por fim, é ainda relevante ressaltar que as etapas encontram-se separadas umas das outras, apenas por questões metodológicas e para facilitar a compreensão e o aprendizado. Na prática, as fases se sobrepõem, podendo ter interface umas com as outras, e em alguns momentos retornar às etapas anteriores, para possíveis e necessárias correções. Dessa forma, não há um ponto de separação entre as fases, o processo deve ser contínuo. É recomendado que se definam alguns pontos de controle, tanto em cada etapa, como principalmente entre elas. Assim, reuniões de avaliação, onde a equipe a cargo do projeto informa aos altos gerentes o que foi realizado, são fundamentais. Com base no progresso e no potencial do projeto, os tomadores de decisões aprovam seu encaminhamento para a etapa seguinte, solicitam seu reenvio para a fase anterior para possíveis ajuste ou revisões ou simplesmente o abortam. Durante os pontos de controle, será ainda considerada a projeção de receita e lucro e os riscos associados.

Fechando o ciclo da inovação

Imaginar que o processo de inovação termina com seu lançamento e com a obtenção dos resultados é menosprezar a capacidade criativa de melhoria contínua, bem como esquecer que nenhuma empresa pode se dar ao luxo de acreditar que a inovação atinge o topo. O sucesso e os bons resultados serão sempre fugazes, ou seja, novos desafios inovadores serão impostos diante de um mercado em constante mutação e clientes cada vez mais exigentes. Grandes ideias inovadoras sempre irão despertar concorrentes, que iniciarão uma perseguição implacável em busca de fazer mais e melhor. Veja o que Steve Jobs acreditava: "boas ideias dificilmente tornam-se projetos bem desenvolvidos e aplicados com excelência no primeiro protótipo. Portanto, é preciso ter foco, disciplina e perseverar, até que o padrão de qualidade desejado seja atingido. Não se contente com pouco, é preciso ter em mente o que realmente importa: o impacto que uma boa ideia pode ter na vida das pessoas".

Assim, após a obtenção e mensuração dos resultados, o gestor inovador deve estar atento às novas oportunidades geradas pela inovação produzida. A história mostra como é frequente uma inovação abrir portas para uma série de novos produtos, serviços e modelos de negócios. Pense como a roda, a luz elétrica, o motor a combustão ou mais recentemente a internet foram capazes de abrir novos mercados e induzir uma gama enorme de outras inovações.

Estas poderão surgir por várias razões:

1. Uma nova tecnologia foi desenvolvida durante o processo, pela própria empresa ou por empresas parceiras (ver Inovação Aberta, no Capítulo 6), que pode substituir a anterior ou mesmo ser agregada à tecnologia vigente.

2. Um novo problema foi identificado, necessitando de novas soluções, podendo ser resolvido pelo mesmo objetivo inovador, com alguns reajustes, ou criando um novo ciclo de inovação.

3. Houve uma mudança na necessidade do mercado ou cliente, identificada precocemente, justificando a melhoria contínua.

4. Novas exigências legais surgiram, o que determina certamente novas oportunidades de aperfeiçoamento.

O Canvas Estratégico de Inovação

Inúmeras ferramentas de gestão vêm sendo desenvolvidas nos últimos anos, no sentido de orientar gestores a tomar as melhores decisões, nas mais diversas áreas. Assim, modelos baseados em esquemas, fluxogramas ou diagramas são pedagógicos e direcionam as ações dentro de uma lógica clara. O modelo de orientar ações através do canvas vem sendo muito utilizado por diversos autores em estratégia, marketing, projetos e inovação. Podemos entender por canvas um mapa constituído por diversos quadros de atividades estratégicas a serem desempenhadas, com o objetivo de orientar pontos-chave de atuação, que visa estruturar as atividades, bem como dar uma visão global do processo. Cada quadrante deve ser preenchido com determinadas ações a serem desempenhadas. Os modelos canvas facilitam enormemente a comunicação e a interpretação das tarefas por todos da empresa, bem como o caminho a ser seguido etapa por etapa, do início ao fim. Isso certamente traz unidade, melhor compreensão e envolvimento de todos, além de maior conhecimento de como cada colaborador é parte integrante de um processo maior.

Desenvolvi o Canvas Estratégico de Inovação com o objetivo de orientar colaboradores e gestores a preparar, organizar e direcionar seus projetos inovadores. Este canvas vai permitir uma visão global de todas as ideias inovadoras que estão em curso na empresa em um determinado momento, bem como em que fase cada uma se encontra. Não temos a pretensão de dizer que nosso canvas é melhor ou mais eficiente que outros existentes na literatura. Cada mapa, de cada autor, tem seu mérito e deve ser visto como complementar ou alternativo. Assim, cabe a cada um escolher qual canvas pode ser aplicado a cada momento e qual deles oferece a forma mais didática e clara de orientação.

Um conceito importante a ser considerado para entender e aplicar o Canvas Estratégico de Inovação é o de Gestão do Conhecimento. No Capítulo 9, vamos discutir esse tema em detalhes. Mas, por agora, é necessário entender que a Gestão do Conhecimento relaciona-se com a obtenção, desenvolvimento, organização, compartilhamento e controle do conhecimento, experiências e expertises disponíveis na organização, de modo a proporcionar resultados estratégicos. Assim, todo o conhecimento disponível na empresa deve ser mobilizado e disseminado para que o canvas possa atingir seu objetivo maior: gerar ideias criativas e inovadoras que possibilitem resultados concretos e retorno para a empresa.

Para implementar o Canvas Estratégico de Inovação, proponho um fluxograma em formato de caixas, onde cada quadrante deve ser preenchido com os pontos centrais de cada ideia. Para ser mais didático, dê um nome específico a cada projeto. Sempre que uma ideia ganha movimento, ou seja, migra de um quadrante para outro, é fundamental que o canvas seja atualizado, pois o grande ganho está justamente em visualizar de forma ampla e atualizada como estão todos os projetos. Proponho que a atualização seja feita semanalmente, logo após a reunião do Grupo de Inovação. Nessas reuniões semanais, que podem ser quinzenais ou mensais, de acordo com cada perfil de empresa, os projetos serão reavaliados e reposicionados.

1. Grupo de Ideias

Tudo começa com a instalação dos grupos de ideias, em cada área ou setor da empresa. O objetivo desse grupo é levantar as necessidades e identificar os problemas a serem solucionados, em cada área específica. É importante lembrar que o foco deve ser sempre o cliente, seja este externo ou interno. O *brainstorm* é certamente estimulado e cada ideia que surge deve ser considerada sem preconceitos, por mais absurda que possa parecer. Esse Grupo de Ideias deve ser formado por colaboradores do setor de todos os níveis hierárquicos, envolvidos direta ou indiretamente nas atividades. Esse grupo deve ter um líder que, normalmente, mas não obrigatoriamente, é o líder do setor (supervisor ou gerente). Cada grupo pode gerar uma ou mais ideias, que devem ser organizadas e nomeadas adequadamente, para que possam ser melhor identificadas e apresentadas. Cada uma deve gerar um relatório a ser levado ao Grupo de Inovação e que deverá responder:

- Qual foi a oportunidade identificada?
- Por que a oportunidade é considerada viável?
- Qual o problema a ser solucionado ou o trabalho que não está sendo feito, baseado na necessidade do cliente?
- Qual é a solução proposta para atender à necessidade?
- Como essa solução será desenvolvida, com quais tecnologias e com que recursos?

2. Grupo de Inovação

Uma vez levantadas as ideias e preparado o relatório, estes serão encaminhados ao chamado Grupo de Inovação, composto pelos líderes de cada um dos Grupos de Ideias, acrescido de colaboradores especialmente escolhidos em diferentes setores, como operacional, produtivo, financeiro, vendas, marketing, compras, atendimento ao cliente, segurança, dentre outros. Essas pessoas devem ser escolhidas não pelos cargos que ocupam ou por influência política, mas pelo perfil e pelas características de inovação que aparentam (veja, no Capítulo 3, a seção: As habilidades e características do inovador). Esse grupo tem a responsabilidade de receber as ideias, organizá-las, filtrá-las e condensá-las, para que possam ser melhor compreendidas. Cada conjunto de ideias pode e deve receber novos bombardeios criativos, agora de membros diversos, com formas de pensar divergentes e com visões diferentes e dos mais diversos ângulos. Essa oxigenação é muito interessante para o aperfeiçoamento do projeto. Após essa etapa, as ideias receberão um julgamento crítico do grupo e serão organizadas em pré-projetos, a serem encaminhados à alta cúpula da empresa.

3. A Diretoria

Os líderes do Grupo de Inovação levam os pré-projetos inovadores para a Diretoria e os defendem pessoalmente. A Diretoria, por sua vez, tem a responsabilidade e o compromisso de julgar e avaliar cada projeto, com ênfase em objetivos estratégicos. Após uma cuidadosa avaliação, cada projeto inovador pode seguir quatro tipos de destino: (1) projetos considerados inadequados, com pouco apelo inovador, inviáveis do ponto de vista operacional ou financeiro e/ou desenvolvidos à revelia do mercado, cliente ou empresa, serão *descartados*, ou seja, estarão fora dos planos; (2) alguns projetos poderão ser considerados para *repasse*, por serem viáveis, porém pouco estratégicos, fora dos objetivos da empresa. Repasse significa terceirização ou cessão da ideia inovadora para outra empresa, através de modelos de parceria; (3) outros poderão receber um *status* de *stand-by*, ou seja, são viáveis, consistentes e interessantes para a empresa do ponto de vista estratégico, entretanto, seja por questões financeiras, estratégicas, tecnológicas, culturais ou de políticas corporativas, não são prioritários. São deixados em compasso de espera, aguardando um melhor momento para serem viabilizados; (4) finalmente, aqueles projetos que recebem a condição de *aprovados*, ou seja, são reconhecidos como importantes e viáveis, contarão com o apoio total e irrestrito de toda a empresa.

4. Implementação

Uma vez eleito como aprovado, o projeto "desce" novamente para o Grupo de Inovação, que agora aprofunda e finaliza o projeto com riqueza de detalhes e cria um plano estratégico de atuação específico. Cabe portanto ao Grupo de Inovação a determinação de todas as etapas, escopo, prazos, custos e parâmetros técnicos do projeto de inovação. Deve-se ainda determinar quem serão os envolvidos, que áreas da empresa deverão ser engajadas, quais os critérios de acompanhamento e monitorização da implementação e quais os parâmetros de mensuração dos resultados.

Esquema: O Canvas Estratégico de Inovação nas empresas

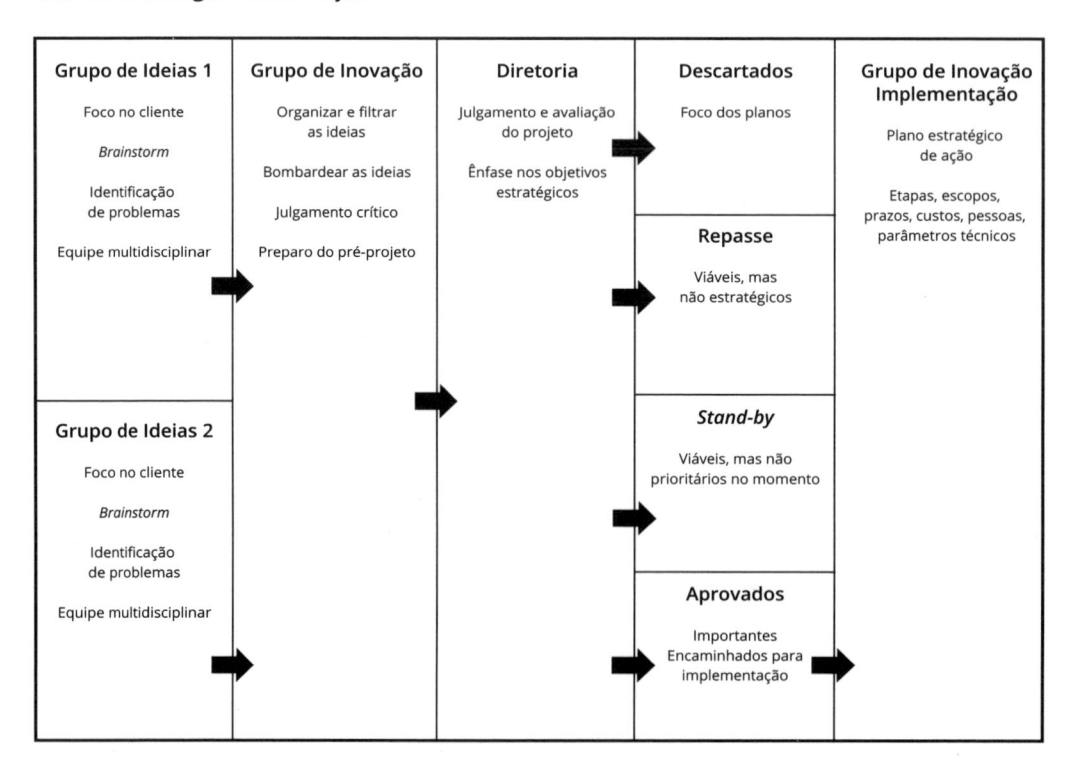

Canvas Estratégico de Inovação

Grupo de Ideias 1	Grupo de Inovação	Diretoria	Descartados	Grupo de Inovação Implementação
Foco no cliente	Organizar e filtrar as ideias	Julgamento e avaliação do projeto	Foco dos planos	Plano estratégico de ação
Brainstorm	Bombardear as ideias	Ênfase nos objetivos estratégicos		Etapas, escopos, prazos, custos, pessoas, parâmetros técnicos
Identificação de problemas	Julgamento crítico		**Repasse**	
Equipe multidisciplinar	Preparo do pré-projeto		Viáveis, mas não estratégicos	
			Stand-by	
Grupo de Ideias 2			Viáveis, mas não prioritários no momento	
Foco no cliente				
Brainstorm				
Identificação de problemas			**Aprovados**	
Equipe multidisciplinar			Importantes Encaminhados para implementação	

Referências

BROWN, T. Design thinking. *Harvard Business Review*, June 2008.

JOHNSON, Steven. *De onde vêm as boas ideias*. Rio de Janeiro: Jorge Zahar, 2010.

LIEDTKA, Jeanne. *Designing for growth*: a design thinking tool kit for managers. Columbia University Press, 2011.

Com a colaboração de
Virna de Araújo Miranda

5

NDE
NOVAR
AS EMPRESAS?

Um dos conceitos mais tradicionais relacionados à inovação – e por que não um paradigma? – refere-se preferencialmente a novos produtos, sempre mais modernos e tecnológicos, ou então a novas soluções para internet ou aplicativos para *mobile*. Porém, essa é uma visão muito simples e estreita, porque a inovação é algo muito mais amplo, envolvendo uma enorme gama de atuação, nas mais diversas áreas das empresas e campos de conhecimento da sociedade. No mundo contemporâneo, ideias inovadoras não estão surgindo apenas de laboratórios e salas de reunião de grandes corporações. A inovação tem extrapolado as fronteiras empresariais e científicas, e é comum que novas soluções possam surgir de onde menos se espera: de cidadãos comuns. Ela está em toda a parte e envolve não só a criação de novos produtos e serviços ou de novas tecnologias, mas também o desenvolvimento de novos modelos de negócios, novas estratégias de marketing, novos caminhos para conhecer melhor o mercado e o cliente e novas práticas de gestão, bem como novas maneiras de utilizar melhor os recursos naturais, de se deslocar nos grandes centros urbanos, de nos relacionarmos melhor com o mundo em que vivemos. Existe agora um maior reconhecimento de que novas ideias podem transformar qualquer parte da cadeia de valor – e que produtos e serviços representam apenas a ponta do *iceberg*. Entender essas possibilidades é fundamental para que essas oportunidades possam ser percebidas, e que os problemas e lacunas possam ser identificados. Conhecer e entender a inovação como uma fantástica ferramenta a ser aplicada para transpor os mais diversos obstáculos existentes nas empresas e na sociedade possibilitará uma chance muito maior de obter resultados relevantes e consistentes. Todos devem estar preparados para pensar diferente e questionar o óbvio em sua área de atuação, dentro ou fora de um ambiente corporativo, para buscar novas alternativas diante das necessidades presentes. Não que a inovação em produtos não seja fundamental e deva ser objetivo constante de ações empresariais, mas ampliar o espectro de visão e aplicação pode ser vital para o sucesso e o crescimento sustentável da organização.

Inovação em produtos

As empresas estão constantemente em busca de novos produtos capazes de encantar seus clientes. A inovação vai envolver a chegada de um novo produto, absolutamente inédito e pioneiro no mercado (coisa rara de ver), ou a evolução e aperfeiçoamento de um produto já existente, que torna-se mais moderno a partir de uma nova tecnologia, um *design* mais arrojado ou um melhor desempenho, como gastar menos energia ou ser mais sutentável. Produtos inovadores serão aqueles que proporcionarão relevantes melhorias em características funcionais, habilidades técnicas ou facilidade de uso. Inovadores devem estar atentos às tendências do mercado e às mudanças no comportamento do consumidor. Os consumidores de hoje querem sim produtos sofisticados, porém que sejam simples de usar – eles não querem e não têm tempo de ler extensos e enfadonhos "manuais do usuário". Querem tecnologias que proporcionem experiências de modernidade e jovialidade, como por exemplo a dos *smartphones*. Querem soluções que transformem trabalhos manuais em ações automáticas que não necessitam de supervisão. Querem instrumentos facilitadores do seu dia a dia. Mas além de facilidades tecnológicas, os consumidores também querem produtos e serviços que os inspirem, o que torna o *design* um grande diferencial. Basta lembrar das máquinas de café da

Nespresso ou dos eletrodomésticos que mais parecem obras de arte, abusam do *design*, fazendo com que aparelhos funcionais do dia a dia, antes escondidos em armários e gavetas, tornem-se peças decorativas e sobretudo de *status*, que ganham lugar de destaque nas casas dos consumidores, agregando valor à experiência de compra e uso do produto. Outra tendência que vem ganhando força nesse mercado envolvendo *design* de produtos é o chamado "conceito retrô". Aliando o visual antigo, que desperta forte memória emocional, à tecnologia de ponta, essas "peças do passado" foram reestilizadas, tornando-se objetos de desejo que voltaram a compor a cena e a vida das pessoas.

Agência TUDO: Construindo um olhar inovador sobre o Brasil

Virna Miranda

Ao longo de 10 anos de história, a TUDO teve a oportunidade de atuar para seus clientes em mais de 120 municípios diferentes, em 18 estados brasileiros. Apesar de as empresas atendidas terem sedes, em sua grande maioria, situadas em São Paulo, suas marcas dialogam com consumidores de todas as partes do país. Portanto, conhecer os diferentes comportamentos de consumo nas diversas regiões deveria fazer parte da rotina de qualquer agência.

Por outro lado, movida pela inquietude de experimentar e criar novos modelos e experiências, a TUDO nunca se contentou em apenas realizar as demandas oferecidas por seus clientes. Talvez cause um pouco de estranheza fazer parte do seu portfólio inúmeros projetos que chama de proprietários, criados e executados muitas vezes em parceria com empresas que compartilham do mesmo espírito, a partir de modelos de negócios e processos um pouco diferentes do convencional. Foi assim que a TUDO produziu, por exemplo, um filme. O longa-metragem "Amazônia Eterna", feito em parceria com a Giros, abordou casos incríveis de novos modelos econômicos de aproveitamento dos recursos da floresta, tema polêmico e de interesse global.

O documentário, que tem argumento de Maurício Magalhães e Belisario Franca, sócio da produtora, foi exibido em festivais nacionais e internacionais, e ganhou vários prêmios.

Outra plataforma abraçada pela agência foi a de eventos religiosos, com o projeto Varanda de Nazaré, realizado no Círio de Nazaré. Tema pouco explorado pelo mercado convencional de comunicação, talvez pela dificuldade de compreender a melhor forma de criar uma conexão que faça sentido entre marcas e religião, para a TUDO foi um desafio encarado de forma muito particular. O Círio é uma das maiores manifestações de fé do mundo, reunindo dois milhões de pessoas há mais de 200 anos. Um verdadeiro fenômeno da religiosidade de um povo que, como poucos no mundo, conseguiu um convívio pacífico entre a fé e o progresso.

O projeto teve início em 2010, com o propósito de divulgar o Círio de Nazaré para o Brasil, ampliando o olhar do país para essa grandiosa manifestação, até então pouco conhecida além das fronteiras do Norte. O objetivo era levar personalidades e formadores de opinião de várias áreas do conhecimento, como arquitetos, jornalistas, advogados, cineastas, fotógrafos, empresários, escritores, para embarcar em uma experiência única. O grupo mergulharia em uma imersão nas raízes do Pará e vivenciaria o próprio evento religioso de uma forma diferente, para que pudesse sentir e entender na própria pele a profunda e verdadeira devoção dos paraenses por Nossa Senhora de Nazaré. Nas quatro primeiras edições do projeto, mais de 400 convidados de várias partes do Brasil estiveram presentes na Varanda de Nazaré, compartilhando a emoção vivida e as impressões causadas em dezenas de artigos e matérias de jornal e revista e em reportagens de TV.

Contaminada por essa profunda visão de Brasil, construída ao longo de uma história de casos aplicados nos mais remotos cantos do país, a TUDO acumulou um rico capital intelectual sobre a diversidade de nossa cultura e de nosso povo. Foi a partir daí que surgiu a teoria de que não existe um único Brasil, e sim "um Brasil de muitos Brasis".

A agência já vinha observando há tempos a grande dificuldade das marcas para atuar nos diversos mercados do país, pois, apesar de tanto se falar em "regionalização" e "tendência de comportamento local", continuam cometendo erros clássicos ao insistir em estereótipos que mais as afastam que as aproximam do consumidor. Ou então, embarcam na viagem de agências e profissionais que insistem em buscar referências internacionais, em lugares como Londres, Amsterdam e Nova York, quando o consumidor brasileiro com quem as marcas querem dialogar e vender seus produtos e serviços moram em Juazeiro do Norte, em Pelotas ou em Campo Grande. E são tantas as diferenças culturais, de expressões e de costumes desses mercados, que identificar as melhores oportunidades e falar a língua correta torna-se de fato um grande desafio.

Por outro lado, inspirada na sua larga trajetória no mundo dos eventos, a TUDO também já tinha percebido que o brasileiro é um povo movido por celebrações. Cada cidadão tem uma agenda própria de eventos, uma espécie de calendário, onde o ano vai sendo programado a partir desses momentos, que incluem desde as festas particulares, como aniversários, casamentos e batizados, passando pelas grandes datas nacionais como Carnaval, Semana Santa, Natal e *Réveillon*, mas também por eventos ligados a seus interesses específicos, como esporte, moda ou gastronomia, e ainda aqueles ligados às raízes do seu próprio estado ou região, e, portanto, de grande relevância para sua comunidade regional.

E foi pensando nisso que a TUDO resolveu ampliar seu conhecimento sobre o comportamento do consumidor a partir da plataforma de eventos brasileiros e decidiu criar o Arroz de Festa. O nome irreverente pretendia traduzir a onipresença da agência no calendário de festas do país, a partir de um estudo diferenciado que pudesse ajudá-la a planejar e propor soluções aplicadas para melhor orientar as marcas em suas estratégias regionais de atuação, traduzindo para elas um novo olhar sobre esse "Brasil Brasileiro".

Desde que criou o Arroz de Festa, em 2012, a equipe da área de Inteligência de Mercado, responsável pela coordenação do projeto, já catalogou mais de três mil eventos nas cinco regiões do país, que são classificados em 10 diferentes naturezas, como por exemplo música, cultura, gastronomia, esporte e religião. Essa base de dados alimenta uma plataforma tecnológica onde são registradas informações completas de cada um dos eventos cadastrados, como categoria, local, sazonalidade, perfil do público, presença de marca, formato e programação, além de imagens ilustrativas.

O mais importante é que com essa ferramenta é possível cruzar todas essas informações e gerar gráficos e relatórios que permitem análises extremamente relevantes e estratégicas, que ajudam a equipe de planejamento da TUDO a validar raciocínios e embasar o planejamento de *jobs* em mercados regionais. O estudo e observação incansável desses eventos também contribuiu para acrescentar conhecimentos muito interessantes para os executivos da agência, como o fato de que a maioria dos eventos brasileiros são de caráter cultural, consequência da evolução social do país, que aumentou a procura e consequentemente o acesso a lazer, entretenimento e cultura. Ou ainda, que o calendário de celebrações de algumas regiões é marcado por vocações peculiares, como por exemplo os eventos do mundo rural do Centro-Oeste, cuja cultura é fortemente influenciada pelo agronegócio. Dessa forma, feiras agropecuárias também são sinônimo de festivais de música sertaneja, celebrações de colheita e rodeios. Já as festas da região sul, cuja cultura é miscigenada pelos costumes dos povos colonizadores, têm sotaques italianos, poloneses, alemães e até mesmo húngaros.

Na prática, esse conhecimento é usado para criar estratégias para os clientes da TUDO, não necessariamente relacionadas a patrocínio de eventos, como pode parecer em um primeiro momento. Saber que determinada época do ano tem maior ou menor incidência de eventos em uma região, e portanto de público, pode contribuir para a definição do melhor momento de realizar uma ação de ativação, por exemplo. Descobrir que o Carnaval é festejado em mais de 50 municípios brasileiros, não sendo restrito aos trios elétricos da Bahia, ao frevo pernambucano e às escolas de samba do Rio e de São Paulo, pode proporcionar escolhas "fora da caixa" e muitas vezes mais econômicas para a presença de uma marca nesses eventos. Ou ainda, saber que o São João é interiorano e familiar em muitos municípios da Bahia, enquanto ganha ares de megaeventos em Caruaru, em Pernambuco e em Campina Grande, na Paraíba, pode ser decisivo para traçar a mecânica de uma promoção nessas praças.

Esses exemplos deixam claro que confundir regiões ou generalizar estratégias, analisando igual o que é completamente diferente, pode induzir muitas empresas ao erro, desperdiçando tempo e investimento em escolhas equivocadas e sem efetividade. Um caso muito interessante realizado pela TUDO, que exemplifica uma análise consistente de costumes regionais e uma forma inovadora de propor uma solução para uma marca que buscava uma conexão verdadeira com donas de casa baianas, é o da Caravana Nissin Miojo. Após ter inaugurado uma fábrica no interior de Pernambuco para atender ao Nordeste, a Nissin precisava se aproximar do mercado baiano.

A proposta da marca era uma ação itinerante que levasse entretenimento gratuito a diversos municípios. Com o desafio em mãos, a TUDO mergulhou no estudo da relação do brasileiro com a itinerância, reforçando sua convicção de que o Brasil é um país de caravanas, amplamente retratadas em filmes que ficaram para a história do cinema nacional como "Aspirinas e Urubus", "O Palhaço", "Bye, bye, Brasil", "Lisbela e o Prisioneiro", dentre outros. Levando-se em consideração que a Bahia é um estado "continental", esses conceito era perfeitamente aplicável à realidade do estado, e deveria portanto ter uma boa aceitação por parte dos baianos. Por outro lado, essa abrangência geográfica também tem impacto nos hábitos gastronômicos da população, que muito diferem de uma região para outra. Esse foi o ponto de partida da estratégia idealizada pela agência de criar uma caravana que percorreria o estado de Norte a Sul e cujo principal apelo seria "customizar" o Miojo. Com a contribuição de um *chef* de cozinha baiano, radicado em São Paulo, a Caravana Nissin Miojo viajou por mais de 30 cidades baianas, percorrendo mais de seis mil quilômetros em 90 dias, durante os quais foram criadas mais de 50 receitas

> que combinavam o macarrão instantâneo com ingredientes típicos de cada um dos municípios por onde a ação passou. Dessa forma, pela primeira vez, o Miojo foi preparado com os mais inusitados ingredientes, como carne de sol, queijo coalho, maxixe, Surubim (um peixe da região do rio São Francisco), feijão-fradinho, e outros tantos elementos que integram a mesa no dia a dia do baiano. O sucesso do projeto foi tanto que a Nissin repetiu a dose no ano seguinte, ampliando o raio de cidades beneficiadas pela ação.
>
> Para aprofundar essas análises antropológicas e validar seus *insights*, a TUDO lança mão de uma grande rede de relacionamentos e parceiros espalhados por todo o Brasil, carinhosamente apelida de "amigos da TUDO". São empresas, profissionais e intelectuais, muitos são referência em suas áreas de atuação, que contribuem com um olhar ainda mais legítimo e particular das características dessas regiões e sua população.

Inovação em serviços

Os serviços são considerados hoje um dos mais estratégicos e desafiantes setores da cadeia produtiva. Segundo o IBGE, o setor de serviços responde por quase 70% do PIB (Produto Interno Bruto) e por três quartos dos empregos no nosso país. Nesse mundo globalizado e com altas taxas de transferência tecnológica entre empresas e países, se diferenciar em produtos está cada vez mais difícil. Por isso, o desenvolvimento dos serviços, sua maior especialização e maior produtividade serão cruciais para a maior competitividade de uma indústria. Infelizmente, temos ainda um longo caminho a percorrer no que se refere à eficiência, qualidade e altos custos dos serviços no Brasil. Sendo assim, inovar em logística, assistência técnica e manutenção, serviços financeiros, atendimento e relacionamento com o cliente, passa a ser necessário, mesmo para empresas com fortes características produtivas. O foco deve ser sempre agregar valor ao produto, maximizando os ganhos e benefícios aos clientes, mas apenas fabricar produtos não basta. É preciso inovar e oferecer uma série de serviços inteligentes e complementares, voltados ao melhor funcionamento do produto, para que este funcione em sua capacidade operacional máxima, tempo integral, sem falhas ou interrupções, e oferecendo informações relevantes relacionadas a seu uso. Outras formas importantes de inovar e agregar valor em serviços devem ainda ser consideradas, como proporcionar mais conveniência ao cliente, promover otimização do tempo com serviços mais ágeis e rápidos, maior conforto, melhores condições de promoção e manutenção da saúde, novas formas de promover diversão, lazer e entretenimento, ou novas experiências mágicas e diferenciadas ao consumidor. Para avançarmos nesse setor, mais uma vez educação e maior formação e aperfeiçoamento profissional são o caminho.

A inovação em serviços deve partir da identificação de todos os pontos de contatos com o cliente e conhecê-los detalhadamente, pois cada momento pode ser uma oportunidade para a empresa prestar um serviço de qualidade. A partir daí, torna-se necessário diagnosticar todos os problemas existentes e possíveis necessidades ainda não atendidas, sempre sob a ótica do consumidor. A coparticipação do cliente deve ser estimulada, por meio da Inovação Aberta. Assim, a inovação poderá ser direcionada para a criação de um novo ponto de contato, a eliminação de um existente ou sua redefinição, para proporcionar uma melhor experiência, conveniência, facilidade ou agilidade, ou mesmo acrescentar uma nova tecnologia.

Estudo de caso: Inovação no serviço das companhias aéreas

O setor aéreo vem passando por inúmeras transformações, seja no modelo de negócio (ver estudo de caso em Inovação Disruptiva, no Capítulo 6), seja nos serviços oferecidos. Podemos descrever o ciclo de contato em serviço aéreo da seguinte forma:

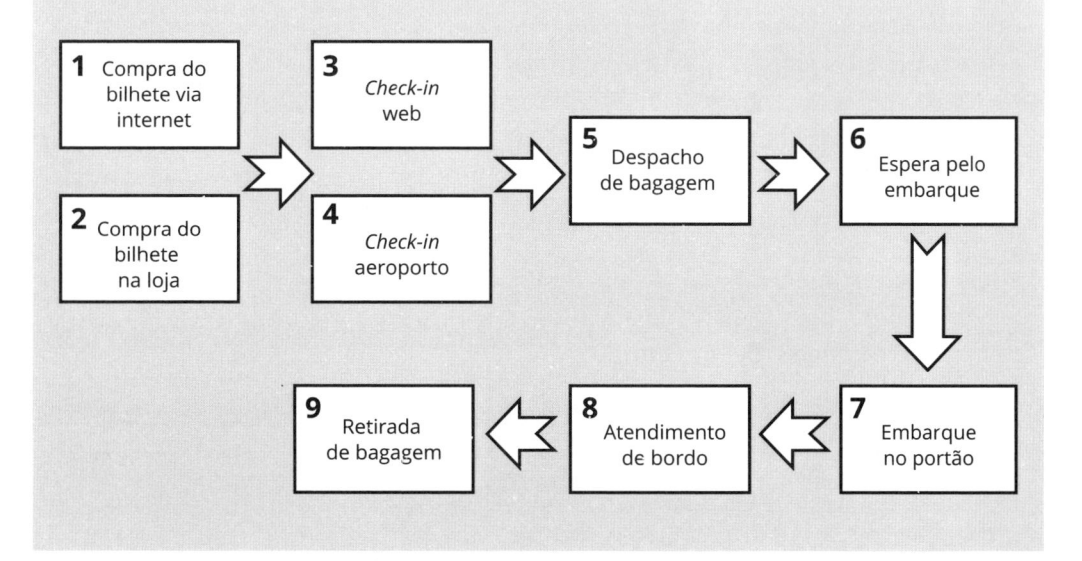

1. Compra do bilhete via internet
2. Compra do bilhete na loja
3. Check-in web
4. Check-in aeroporto
5. Despacho de bagagem
6. Espera pelo embarque
7. Embarque no portão
8. Atendimento de bordo
9. Retirada de bagagem

As companhias aéreas estrategicamente investiram muito em inovação em serviços, buscando fazer de cada etapa do contato um momento de melhor experiência e satisfação do cliente. Vejamos:

Etapa 1– Compra do bilhete via internet: a compra de bilhetes pela internet foi um avanço da tecnologia que permitiu enorme agilidade, praticidade e possibilidade de comparação de preços, rotas e horários. O cliente passou a ter mais autonomia de escolha.

Etapa 2 – Compra do bilhete na loja: essa etapa está sendo cada vez mais descontinuada pelas facilidades da compra via web. Entretanto, as lojas ainda continuam sendo um ponto de contato para a solução de problemas e dúvidas.

Etapa 3 – *Check-in* Web: outro enorme avanço foi a praticidade do *check-in* via internet ou por *smartphones*. Essa tecnologia trouxe grande ganho de tempo, pois o cliente não precisa chegar tão cedo ao aeroporto, pode escolher assentos, e não precisa ir ao *check-in* físico se estiver viajando somente com bagagem de mão. Na verdade, essa etapa eliminou a necessidade de contato ao ser atendido pelo funcionário do *check-in*.

Etapa 4 – *Check-in* aeroporto: aqui foi a inovação em processos agregada à tecnologia que facilitou a vida do cliente. Os terminais de autosserviço para check-in e as filas para os balcões da companhia aérea organizadas por tipo de embarque (com bagagem ou sem, prioritário ou não, cliente VIP etc.) agilizam o processo.

Etapa 5 – Despacho de bagagem: o despacho está muito facilitado e ágil (em algumas companhias aéreas na Europa e nos EUA, o próprio passageiro imprime as etiquetas e marca suas bagagens).

Etapa 6 – Espera pelo embarque: apesar de essa etapa ainda depender da estrutura aeroportuária, as empresas procuram proporcionar uma melhor experiência na espera pelo voo, como em salas VIP. Mas esse ainda é um ponto que merece a atenção de gestores.

Etapa 7 – Embarque no portão: hoje também ágil e facilitado, pela evolução do processo e pelo uso do cartão de embarque pelo *smartphone*.

Etapa 8 – Atendimento de bordo: aqui estão as maiores inovações: TVs e uso de celulares a bordo, possibilidade de assentos com mais espaço e maior reclínio, venda de comidas e bebidas, dentre outros.

Etapa 9 – Retirada de bagagem: essa etapa é uma das mais dependentes dos serviços das concessionárias dos aeroportos, por isso ainda é carente de melhorias, pois há demora, possibilidade de trocas e extravio.

Inovação em máquinas e equipamentos

Uma das áreas que mais recebe inovação, esse setor está passando literalmente por uma revolução. A automação industrial tem avançado muito nos últimos anos e auxiliado a indústria a criar equipamentos cada vez mais modernos. Essa tendência vem impactando profundamente as relações humanas de trabalho, que estão sendo e serão ainda mais substituídas pelas máquinas. O pensamento inovador está em encurtar as lacunas de produção existentes, atendendo às necessidades produtivas das empresas. O objetivo deve ser sempre inovar em equipamentos, para que a produção possa ser feita em menor tempo, com menos gasto de energia, com maior padronização, maior quantidade, menor uso de matéria-prima, sem necessidade de mão de obra humana ou, se houver, que ela possa ser realizada de forma mais prática e segura, buscando, em última análise, ganhos de eficiência e produtividade.

Imaginar que a inovação em máquinas e equipamentos deve ser voltada apenas para a indústria pode ser um erro. O setor de serviços tem se beneficiado muito de novas tecnologias que melhoram demais a relação com o consumidor. Basta pensarmos como os modernos equipamentos facilitaram a vida dos passageiros de companhias aéreas ou de correntistas de bancos.

Inovação em marketing

Certamente, quando se pensa em marketing, produtos e serviços emergem como o principal foco. Claro que eles devem merecer atenção especial de gestores, afinal, essa é a maneira mais clara e direta de oferecer novos benefícios aos consumidores, propiciando satisfação, lealdade e agregação de valor. Entretanto, nos últimos anos, o marketing vem ampliando e diversificando sobremaneira sua atuação, não só no ambiente externo, mas também voltado ao estudo e identificação de comportamentos e necessidades de clientes internos. Assim, a inovação deve contemplar as diversas atividades e ações desempenhadas pelo marketing. A seguir, vamos discutir como a inovação está transformando alguns setores específicos e trazendo novas tendências ao mercado.

A pesquisa sempre foi uma ferramenta extremamente útil ao marketing no acompanhamento do mercado, na identificação de segmentos e comportamentos e necessidades de clientes, na busca de infomações sobre concorrentes reais e potenciais, no *feedback* e na mensuração de resultados. As metodologias quantitativas e qualitativas foram e continuam sendo amplamente utilizadas. Entretanto, algumas áreas das ciências médicas, em especial as neurociências, vêm contribuindo para o estudo do chamado neuromarketing, que nada mais é do que o estudo do comportamento do cliente sob a ótica cerebral, neurohumoral, enfim, as reações biológicas e humanas provocadas de forma consciente e inconsciente pelo cliente, quando submetido a uma série de estímulos de marketing (promoção e comunicação, compra, consumo, *design*, dentre outros). O neuromarketing vem inovando com muitas ações específicas de marketing nas empresas, pois permite um estudo aprofundado de como o cliente efetivamente se comporta e quais áreas cerebrais estão sendo estimuladas pelo produto ou serviço. Baseadas nessas informações, as empresas adequam estratégias e ações na busca por melhores resultados.

Um conceito que vem ganhando espaço dentro do marketing é o *design*. Não só o *design* de produtos, que certamente agrega enorme valor e encanta um cliente cada vez mais sofisticado e sensível às experiências, conforme visto anteriormente na inovação em produtos. Me refiro aqui à inovação em *design* de ambientes internos e externos à empresa. O principal objetivo é integrar o cliente externo ao conceito da marca ou dos valores da organização, além de proporcionar benefícios de valor como conforto, melhor acessibilidade e fluxo de pessoas, conveniência, além de explorar conceitos de sustentabilidade (novas fontes de luz e melhor sensação de aclimatação, por exemplo). Vale ainda lembrar que a criatividade na decoração de ambientes é muito importante na atenção e maior percepção visual de qualidade pelo cliente. Em alguns setores, como restaurantes, hotéis, lojas do comércio e bancos, a criação de verdadeiros espaços cenográficos está revolucionando o setor de serviços e proporcionado excelentes experiências positivas aos consumidores. Quem já teve a oportunidade de conhecer a Disney vai se lembrar como é encantador cada espaço dos parques de diversões ou dos hotéis da rede. Mas o *design* de ambientes também está voltado ao cliente interno, como discutiremos mais adiante em inovação na gestão de pessoas.

A logística também está recebendo o impacto das inovações. Recentemente, o Google lançou os chamados "drones", robôs que voam controlados de forma remota. Dentre outras inúmeras aplicações dos "drones" está a de poder levar encomendas até o destino final, onde o cliente deseja e na hora que ele quiser. Imagine aquele produto que você adquiriu pela internet chegando em sua casa carregado por um robô que chega pelo ares... Isso já é real e está em uso e aperfeiçoamento pela Amazon.com, nos Estados Unidos. Na verdade, qualquer melhoria que faça com que o produto chegue no local necessário no menor tempo e custo possíveis será bem recebida pelo mercado.

Ações de promoção e comunicação para o mercado também são grandes fontes de criatividade e inovação. Marketing de Relacionamento, Marketing Viral, Marketing de Guerrilha, bem como o chamado Marketing Digital (aquele que usa e abusa da internet e das redes sociais), são algumas liguagens inovadoras e criativas que vêm mudando a forma de promover produtos junto a clientes cada vez mais segmentados, resistentes e discretes dos canais de comunicação tradicionais.

Estudo de caso: Yahoo! Social Bike

O caso do Yahoo! Social Bike ilustra bem a capacidade da TUDO de antecipar o futuro. Em 2008, quando bicicletas eram brinquedo de criança e o compartilhamento de experiências era feitos apenas em mesas de bar, a agência idealizou uma ação para o portal Yahoo! que unia os conceitos de mobilidade urbana e *social media*, totalmente inovadores para a época. A ação tinha por objetivos aumentar a visibilidade da marca no Brasil, intensificar a relação com os consumidores e atrair novos usuários e, como *target*, os usuários de carros de grandes centros urbanos.

Com sua visão de que abraçar causas relevantes pode gerar retorno positivo para as marcas, a agência escolheu o Dia Mundial sem Carro como oportunidade para estimular o uso de bicicletas como meio alternativo de transporte. Apesar de o tema ser recorrente na imprensa já naquela época, até hoje poucos brasileiros efetivamente se engajam e deixam os carros em casa nesse dia. A data da campanha de conscientização foi escolhida como marco para o lançamento do aplicativo Yahoo! Social Bike, que convidava o público a andar de bicicleta pela cidade, registrar seu passeio com fotos e vídeos captados pelo celular e postar esse conteúdo nas redes sociais, criando uma nova forma de compartilhar a experiência de pedalar. A ação também envolveu um passeio noturno com 300 ciclistas, mídia *on-line*, *e-mail* marketing, eventos com blogueiros e formadores de opinião, doação de paraciclos para a cidade, assessoria de imprensa, promoção em *social media*, além de *cross branded* com um fabricante de bicicletas, que produziu e lançou a série limitada de bikes Houston Yahoo! Social Bike. Todas essas ações puderam ser acompanhadas pelo público por meio de transmissão em um canal especial de conteúdo no portal, gerando repercussão muito acima do esperado.

A campanha Yahoo! Social Bike gerou valor para toda a cadeia. Para os usuários do portal, forneceu um serviço e conteúdo gratuitos. Para o Yahoo!, gerou audiência, aproximou a marca dos diversos públicos de interesse e garantiu sua visibilidade em veículos estratégicos, incluindo importantes *blogs* internacionais. Para a comunidade e a causa, a campanha engajou e mobilizou milhares de pessoas, impulsionando um movimento que até hoje traz benefícios para a sociedade. Os resultados também foram registrados em números:

- O aplicativo foi *top* 24 app na Apple Store, na categoria *Social Networking*, e *top* 1 na categoria Tecnologia, no YouTube.

- O canal Social Bike conquistou 251.367 usuários únicos em menos de um mês.

- Foram 1.300 publicações espontâneas, incluindo 80 notícias e mais de 1.200 *tweets*.

- A campanha teve 52 mil cliques em mídia *on-line* e 149 mil cliques em conteúdos editoriais (200% a mais que a média na época).

- 300 ciclistas participaram espontaneamente da pedalada promovida pelo Yahoo! no Dia Mundial sem Carro.

Estudo de caso: Shopping Bosque dos Ipês, grande como você

Durante alguns anos, a TUDO atendeu a conta do Grupo Calila, proprietário de uma rede de *shoppings* espalhados pelo Brasil, entre eles o Iguatemi de Fortaleza. Nesse período, teve o desafio de desenvolver a estratégia de lançamento de dois novos empreendimentos, um em Belém do Pará e outro em Campo Grande, no Mato Grosso do Sul. É sobre esse último que vamos falar. No final da década de 1970, foi criado o estado do Mato Grosso do Sul, em área desmembrada do Mato Grosso. Por ter surgido a partir de uma cisão, a população do novo estado guarda até hoje um certo sentimento de inferioridade em relação ao estado original. Na realidade, o Brasil pouco conhece sobre a realidade do Centro-Oeste do país. No imaginário nacional, os estados dessa região estão relacionados apenas à música sertaneja, ecoturismo e agronegócios. Planejada, com avenidas largas e repleta de áreas verdes, a capital do Mato Grosso do Sul, porém, é uma cidade em plena expansão. Em cinco décadas, sua população cresceu dez vezes. Em 2010, quando a TUDO começou a estudar o estado para desenvolver a campanha de lançamento do Shopping Bosque dos Ipês, o PIB *per capita* havia triplicado nos três anos anteriores. Nesse mesmo ano, o setor varejista foi um dos que mais cresceu; quatro pontos acima da média nacional. Apesar desse cenário positivo, a TUDO descobriu que a população campo-grandense parecia estar em busca de uma identidade própria. Era forte o desejo de inclusão e de construção de referências próprias, que a diferenciassem definitivamente dos cidadãos da irmã Cuiabá – a capital do Mato Grosso.

> Esse foi o ponto de partida da estratégia criada pela agência para o novo empreendimento, que viria a ser inaugurado em 2013. A equipe que foi envolvida no projeto desde a pedra fundamental teve a oportunidade de mergulhar nas aspirações dos consumidores de Campo Grande e perceber que colocá-los como protagonistas dessa grande conquista para a cidade era a oportunidade de ouro que se apresentava. Foi assim que nasceu a campanha "Grande como você", onde os atores foram substituídos por pessoas reais – artistas plásticos, *chefs*, musicistas, fotógrafos, nomes de forte referência para a população local. Mas a TUDO foi além. Ao lado da campanha tradicional, composta por comerciais de televisão e rádio, criou duas ações interativas inovadoras.
>
> A primeira unia mídia exterior e redes sociais. Acontecia assim: se Maria curtisse a página do *Shopping Bosque dos Ipês* no Facebook, sua foto aparecia automaticamente em um *outdoor* instalado no centro da cidade, ao lado da assinatura "Grande como Maria", e assim sucessivamente com todos os internautas que aderiram à campanha. A segunda ação transformava o consumidor em locutor. A população era convidada a entrar em uma cabina instalada no próprio centro comercial recém-inaugurado, onde poderia gravar na hora uma mensagem de homenagem, que se transformava em comercial quase que "ao vivo", a ser veiculado em seguida em uma emissora de rádio. Esse conjunto de ações possibilitou a criação de um vínculo emocional com a população, elevando sua autoestima e posicionando o novo *shopping* como um orgulho conquistado pelos cidadãos de Campo Grande.

Inovação centrada no cliente

Apesar de o relacionamento com o cliente ser um tópico normalmente discutido em marketing, o objetivo de separar a inovação centrada no cliente visa dar maior destaque a uma ação que é atualmente vital para o sucesso de qualquer empresa. Além disso, deixar claro que muitas oportunidades de inovação pairam sob essa dimensão. As mudanças ocorridas no mundo moderno colocaram o cliente no centro das decisões de consumo. No passado, as organizações ditavam as regras e ofereciam ao mercado os produtos e serviços que elas acreditavam ser o melhor e que trariam benefícios aos clientes sob sua ótica de avaliação. Hoje, presenciamos uma inversão dessa relação, onde o cliente assume o papel de maior decisor, impondo às empresas uma mudança de atitude, agora necessariamente voltada para oferecer soluções demandadas por ele. É dentro desse conceito que a inovação voltada para o cliente se consolida. Primeiro, porque é sempre bom lembrar que toda inovação, seja em qual segmento for, deve prioritariamente ser direcionada à solução de problemas de clientes. Pense constantemente como melhorar a vida das pessoas, como torná-la mais fácil, prazeirosa e rica em experiências positivas. Não se preocupe apenas em resolver um problema atual, visível e óbvio. Foque no futuro, tentando identificar necessidades que ainda não estejam sendo atendidas por ninguém.

Lance Bettencourt e Anthony Ulwick publicaram, na *Harvard Business Review*, em 2008, um artigo onde desvendam os caminhos para se inovar centrados no cliente. O ponto de partida é a identificação do trabalho que está sendo feito pelo cliente. Por "trabalho" vamos entender qualquer atividade ou processo, com começo, meio e fim. Pode ser desde uma consulta médica, lavar uma louça ou dirigir um carro. Mapear o trabalho, sob a perspectiva do cliente, identificando todas as etapas, é o objetivo inicial. Quero enfatizar mais uma vez: analise o trabalho com os olhos do cliente, pois isso será fundamental para a geração dos *insights*. A partir daí, a empresa poderá inovar agregando valor, melhorando uma execução específica de uma etapa do trabalho, eliminando etapas, reduzindo a responsabilidade do consumidor em executar uma etapa, resequenciando as etapas ou possibilitando que parte do trabalho possa ser feito em outro momento ou lugar. Tomando o trabalho de lavar roupas como exemplo, a etapa de tirar a roupa já lavada da máquina para secar foi eliminada e facilitada com o advento das máquinas que lavam e secam. Recentemente, o Bradesco começou a implantar uma nova forma de depositar cheques por meio de fotos do documento enviadas por celular, transferindo o trabalho operacional do cliente para um funcionário do banco. Nos dois exemplos, a estrutura requerida é praticamente a mesma: definir o que o trabalho requer, identificar necessidades, preparar os componentes e as condições físicas, executar a tarefa, monitorar os resultados e promover as modificações.

Focar no processo do trabalho executado pelo cliente é diferente de oferecer solução em produtos. Enquanto a maioria das empresas de eletroeletrônicos estava focada em produzir um MP3, a Apple considerou toda a cadeia relacionada ao ato de ouvir música, que vai desde a aquisição e organização das canções, até a experiência de escutá-las e compartilhá-las.

A inovação centrada no cliente pode e deve ser vista como uma via de duas mãos. Eric von Hippel, Susumu Ogawa e Jeroen PJ de Jong, em artigo publicado no *MIT Sloan Management Review*, em 2011, estudaram o impacto dos chamados "consumidores inovadores" para as empresas e como estes são capazes de modificar os produtos existentes ou mesmo de criar novos. Por um lado, os "consumidores líderes", ou seja, aqueles usuários capazes de desenvolver inovações muito promissoras são fundamentais, e as empresas precisam identificá-los e estar abertas a eles. Estes estão à frente da maioria dos usuários com relação a uma determinada tendência de mercado e têm um grande incentivo para inovar. Outras vezes, usam produtos sob uma nova ótica, o que pode possibilitar o surgimento de novos mercados. Por outro lado, esse tipo de consumidor pode ser muito útil como referência para que os desenvolvedores internos possam se inspirar. Inovadores internos devem olhar para as inovações desenvolvidas para o consumidor com novos olhos, que devem ir além da engenharia de produtos. Clientes estão constantemente demonstrando às empresas como gostariam que seus produtos funcionassem ou mesmo como o uso pode diferir do originalmente proposto. Assim, é necessário estar atento aos recados vindos do mercado. Mas, obviamente, para entender e captar essas informações, é necessário apoiar ativamente o consumidor inovador, criando reais canais de interface de comunicação, como, por exemplo, por meio de *sites* interativos e cocriativos, ou mesmo pela troca de experiências diretas durante o cotidiano.

Você pode encontrar caminhos de inovação centrada no cliente observando o trabalho que está sendo feito, e se possível buscando desconstruir esse processo. Pergunte ao cliente, se necessário. Algumas perguntas podem guiá-lo na busca de oportunidades:

1. É possível executar o trabalho de forma mais eficiente e eficaz em outra sequência?
2. É necessário que o cliente execute de fato todas as etapas?
3. É possível transferir ou eliminar uma etapa que seja de responsabilidade do cliente?
4. Como novas tendências ou tecnologias podem influenciar a execução do trabalho no futuro?
5. Que esforços ou inconveniências o cliente experimenta na execução do trabalho?
6. Algum consumidor se esforça mais que outros em alguma etapa?
7. Há maior ou menor dificuldade em executar alguma etapa em um contexto específico?

Outro aspecto que merece ser mencionado em relação à inovação voltada para o cliente refere-se à forma como a empresa se relaciona com o mesmo, em qualquer nível. Um dos maiores focos de inovação atualmente está relacionado com a maneira de se relacionar com o cliente. A dualidade entre o relacionamento presencial, físico e humano e o virtual, principalmente por meio da internet e das redes sociais, ainda é um conceito que gera controvérsias e inseguranças de ambos os lados. Clientes por vezes reclamam da impessoalidade vigente no relacionamento, onde as empresas abusam dos canais virtuais, seja por teleatendimento automatizado ou excesso de ferramentas de tecnologia, que separam os seres humanos. Por outro lado, esse mesmo cliente busca agilidade, praticidade e conveniência nos processos, exigindo automação e autoatendimento (via *self-service*, *drive-thru* etc.). Encontrar a melhor forma de balancear os benefícios da tecnologia no relacionamento com cliente e o insubstituível papel do contato humano deve ser um dos focos da inovação.

Estudo de caso: ReclameAQUI – inovação e empreendedorismo sustentável centrado no cliente

O ReclameAQUI nasceu em uma época de transição política, econômica e social muito grande para o cidadão e consumidor mundial. A virada do século trouxe consigo o nascimento de um consumidor empoderado, com muito mais opções e escolhas de consumo, com o nascimento do *e-commerce* e muito mais informações para fazer as suas escolhas. Esse novo consumidor é questionador, não tem papas na língua, e na internet ele encontra a sua voz e o canal para expor as suas opiniões, especialmente insatisfações, para toda a rede.

O que acontece quando você coloca de um lado consumidores insatisfeitos, agora com uma voz, e do outro lado as empresas que acham ter sempre razão e que muita vezes estão despreparadas para lidar com esse novo consumidor? Uma verdadeira "Guerra Fria do Consumo". Se hoje as empresas investem recursos e esforços gigantescos para acompanhar as repercussões de seu nome e imagem citados *on-line*, no começo do ano 2000 o cenário era outro: as grandes companhias se consideravam as donas das relações de consumo, justamente por serem detentoras do produto de desejo do cliente, desconsiderando completamente o fato de que se o consumidor, dono do poder de compra, não se sentisse respeitado, o seu produto não iria para lugar nenhum.

A relação era completamente distante, com descasos baseados em velhas desculpas. Produto estragado na garantia? Atraso na entrega? Cobrança indevida? O consumidor já se preparava para a via-crúcis que viria a seguir para garantir que seus direitos básicos fossem cumpridos. Para as empresas, essa relação era completamente unilateral e acabava no momento da compra. Pós-venda? Nem pensar! A fidelização do consumidor ainda era um conceito distante, quase fantasioso.

Em abril de 2001, um desses tantos consumidores acabou perdendo uma oportunidade de negócios, após um problema com uma companhia aérea. Esse consumidor passou pelo mesmo problema que milhares de brasileiros passam todos os dias: procurou o serviço de atendimento de uma empresa e não foi bem atendido. Ele não queria nenhum atendimento especial, nenhum privilégio, apenas o básico: que as empresas tratassem os seus consumidores com o respeito que eles merecem. Insatisfeito, jogou o seu problema na rede: abriu um pequeno *site* para mostrar o que havia acontecido e para que outros consumidores pudessem expor os seus problemas. O nome desse consumidor? Maurício Vargas. O *site*? O ReclameAQUI.

Começando pequeno, mas com grandes pretensões, o ReclameAQUI acabou se tornando o protagonista de uma grande revolução no atendimento brasileiro e no pacificador da guerra fria que existia entre ambas as partes da relação de consumo. Com mais de 15 milhões de usuários cadastrados, o *site* recebe 25 mil reclamações por dia e 12 milhões de acessos por mês, 92% desses acessos de consumidores para pesquisar a reputação das empresas antes de fazer uma compra ou contratar um serviço. O consumidor clica, reclama, e num tempo médio de três dias tem o seu problema solucionado com uma das mais de 90 mil empresas cadastradas no *site*, sem o desgaste de ficar horas no telefone com uma empresa, informando o seu CPF incontáveis vezes.

Hoje, o *site* é considerado uma das principais fontes de informações sobre consumo do mundo, servindo de canal para que os consumidores resolvam os seus problemas com as empresas de forma simples e eficiente, com o menor esforço possível para ambas as partes. Com mais de 70 funcionários e gerando mais de 16 mil empregos indiretos, o ReclameAQUI é um empreendimento diferente de qualquer outro no mercado. Caminhando numa linha tênue, o ReclameAQUI faz parte do setor 2.5, que visa lucro, precisa se manter e pagar sua folha de pagamento no final do mês, mas que acredita no ideal do "Dinheiro com Princípio". Se hoje o que vale no dinheiro é o seu valor literal, no futuro o dinheiro virá acompanhado de reputação. O ganho e acúmulo deixarão de ser só principais valores medidos, e a origem do dinheiro, como ele foi ganho, terá um valor crucial nas relações humanas e de consumo, o que levanta um grande questionamento para as relações que mantemos atualmente. O conceito é básico: o seu dinheiro é ganho com princípio?

O ReclameAQUI foi inovador por suprir uma necessidade gritante, na época, tanto de um canal que concentrasse as insatisfações dos consumidores com as empresas, quanto de um canal para que as empresas pudessem resolver e atender o clamor dos seus consumidores insatisfeitos e que acabou caminhando lado a lado da necessidade de fidelização do cliente. Se o problema estava no distanciamento das duas partes, a principal inovação veio justamente na aproximação. Os SACs das empresas eram, e continuam sendo, canais extremamente burocráticos, onde você é transferido diversas vezes até que a sua ligação caia onde precisa cair para ser resolvida e, mesmo assim, os prazos de solução são tão gigantescos quanto os números de protocolos gerados.

O consumidor quer, pura e simplesmente, que o seu problema seja resolvido, o que é refletido diretamente no funcionamento do *site*. Além de poder expor o seu problema, o consumidor também consegue avaliar as reclamações e, através de uma média proveniente de uma equação desenvolvida pelo ReclameAQUI, são atribuídos selos de reputação para as empresas, que servem como um guia para o consumidor no momento de pesquisar se uma empresa preza pelo bom atendimento ou não. Pesquisas são o carro-chefe. Mais de 90% dos consumidores acessam o *site* para pesquisar a reputação de uma empresa dentro do ReclameAQUI, que, em 14 anos de história, mesmo com um crescimento e visibilidade muito maiores que nos primeiros anos, continua com o mesmo objetivo básico do seu primeiro dia, que é ser a principal fonte de informações de consumo do Brasil.

Em 2009, quando o *site* começou a ser mais conhecido, o ReclameAQUI fechou o ano com 240.305 reclamações. Em 2014, foram 9.230.400 reclamações, o que mostra a confiança e o respeito adquiridos nesse período de seis anos por consumidores e empresas.

Uma das grandes dificuldades encontradas nos primeiros anos após a criação do *site* era fazer com que as empresas entendessem que a intenção nunca foi prejudicar ninguém, o que representou uma curva de aprendizado até que as mesmas passassem a ver o *site* não como um vilão e um inimigo, mas sim como um grande aliado na fidelização e no atendimento ao consumidor. A partir desse entendimento, as relações de consumo sofreram uma verdadeira revolução, dando início ao fim da guerra fria entre as duas partes, mostrando que empresas e consumidores não precisam viver como inimigos e que as relações de consumo precisam ser como um bom casamento, onde existe confiança mútua e compromisso, invertendo o conceito de relação que acaba no momento da venda e trazendo o conceito da relação que começa no primeiro cortejo e vai até a satisfação completa do cliente.

O uso do *site* sempre foi e sempre será gratuito, o que levanta o grande x da questão. Como o ReclameAQUI ganha dinheiro? Parte da receita do site é proveniente de cursos e eventos para empresas, voltados ao atendimento ao consumidor. Nesses eventos, as empresas conseguem ter um *insight* maior da dimensão do site e da importância que ele tem para os consumidores e para as empresas que já colhem os frutos do bom atendimento no canal. A outra parte da receita vem de *softwares* desenvolvidos pelo ReclameAQUI, e que já são utilizados pelos maiores grupos empresariais do Brasil, para que os mesmos administrem de forma otimizada as suas reclamações e equipes de atendimento, assim como possam obter informações importantes e cruciais na personalização do contato, resultando na consequente aproximação do consumidor, através dos *softwares* RA Responde e HugMe.

Mesmo com todo o reconhecimento dos consumidores, das empresas, e sendo fonte de informação dos principais meios de comunicação do país, nem tudo são flores e o ReclameAQUI ainda sofre com algumas barreiras de penetração com algumas empresas e, em casos específicos, com setores inteiros, como é o notório caso das operadoras de telefonia que, de comum acordo, decidiram não responder as reclamações do *site*.

Além das empresas que ainda não veem o ReclameAQUI como um aliado e decidem antagonizar o canal, o *site* ainda possui pequenos concorrentes saídos da iniciativa privada e um da esfera governamental, que copiaram o modelo de negócio do *site*, mas que nunca conseguiram passar a transparência e o compromisso do mesmo. Os criadores não se ofendem com as cópias. Para Maurício Vargas, criador do *site*, isso é o reconhecimento de um trabalho bem feito. Segundo ele, "quando até mesmo as esferas governamentais passam a adotar o modelo do ReclameAQUI, na tentativa de melhorar as relações de consumo, nós conseguimos ver ainda mais a importância do trabalho que fazemos, e quanto mais canais o consumidor tiver para resolver os seus problemas, melhor".

Apesar de já ter recebido a visita de grandes investidores, sem nunca ter fechado as portas para nenhum deles, o *site* ainda não achou o seu par perfeito para um investimento que correspondesse aos seus objetivos futuros e se encaixasse completamente nos seus ideais. O ReclameAQUI está de malas prontas para a Europa. Em 2015, o *site* desembarca na sua primeira parada, Portugal, para levar seu conceito de relacionamento com o cliente que revolucionou o atendimento no Brasil e para aprender e se adaptar às necessidades do povo lusitano. Já no Brasil, o plano é levar a aproximação e desburocratização do relacionamento entre as empresas e os consumidores para um relacionamento que vem pedindo esse tipo de intervenção desde os seus primórdios, o dos serviços públicos com o cidadão. Através do ReclameAQUI – Serviços Públicos, um braço do próprio ReclameAQUI, a intenção é fazer com que o cidadão tenha um amparo para os seus problemas e que os órgãos públicos passem a dar mais atenção e olhar com mais carinho para a população brasileira. Onde houver uma relação, seja entre empresas e consumidores, seja entre um serviço público e um cidadão, o ReclameAQUI estará lá para dar o seu suporte e ser o canal que promove esse relacionamento descomplicado e de soluções efetivas e satisfatórias para ambas as partes.

Inovação em processos

Processos estão envolvidos em praticamente todas as atividades da empresa. Definem quem vai fazer o quê, como será feito, com quais critérios operacionais, com quais recursos tecnológicos ou de insumos e em quanto tempo. Fazem ainda a interface entre várias etapas da atividade produtiva e estão intimamente relacionados aos parâmetros de qualidade, eficiência e produtividade. São eles os responsáveis pela padronização e regulamentação da atividade produtiva, pois possibilitam que cada ação seja desempenhada com o máximo possível de semelhança, evitando variações no resultado final. Podem envolver prioritariamente o trabalho direto de colaboradores, principalmente no setor de serviços, ou contar com a automação e a tecnologia de máquinas e equipamentos (mais comum em processos que envolvem produtos, mas também uma tendência crescente no setor de serviços). Por ser um protocolo de etapas a serem seguidas, o aprendizado e o aperfeiçoamento contínuo de cada fase, bem como das ligações existentes entre elas, devem ser os objetivos da inovação. Os desafios da inovação em processos são grandes em um mundo competitivo e cada vez mais focado na qualidade. O cliente não aceita mais desvios, incoerências e má gestão. Mas, ao mesmo tempo, ele exige a customização, a eficiência e a agilidade. Logo, fazer mais e melhor com menos passa a ser a ordem do dia.

Inovação em pessoas

O princípio da inovação em gestão de pessoas está em buscar novas ferramentas e modelos gerenciais que impactem substancialmente em melhorias, ganhos de produtividade e eficiência dos colaboradores. Se a quebra dos paradigmas já é importante para a inovação como um todo, quando o alvo é inovar em pessoas, torna-se premissa básica. Mudar o comportamento do ser humano é uma tarefa árdua e complexa, pois envolve uma série de variáveis intangíveis e particularidades específicas de cada empresa, sua cultura, seus valores morais e éticos, além do comportamento individual e coletivo. Muitos modelos que são sucesso em uma determinada organização podem encontrar barreiras ao serem reproduzidos em outro ambiente de negócios ou mesmo em outra região, sob a liderança de diferentes gestores, mesmo que seja na mesma empresa. Imagine replicar em outra empresa. Inovar em pessoas significa criar novos caminhos para motivar, promover o alto desempenho e o trabalho em equipe, desenvolver novos líderes e capacitar com alto grau de eficiência. Ações voltadas para o alto comando também devem ser consideradas, pois a inovação deve contemplar e permear todos os setores e colaboradores.

Vamos analisar a seguir algumas frentes de inovação que vêm sendo propostas e discutidas na tentativa de criar ambientes de trabalho mais produtivos e eficientes. Há atualmente um crescente questionamento em relação à forma clássica e convencional de organizar pessoas dentro da organização. A hierarquia e liderança tradicional, composta por cargos e por "chefes", pela noção de função superior ou inferior, por ter alguém a se reportar ou obedecer, vem sendo substituída por políticas mais horizontais, onde as tarefas deixam de ser individualizadas e passam a ser mais colaborativas e integrativas, envolvendo profissionais de diversos setores sob a forma de projetos, sem necessariamente ter alguém específico ou um gerente a quem prestar contas. A liderança passa a ser exercida não pelo "chefe" do setor, mas pelo líder de projeto, que envolverá as mais diversas áreas da empresa que julgar necessárias para o seu sucesso. Os objetivos e resultados deixam de estar vinculados a uma pessoa ou cargo específicos, e passam a ser responsabilidade de equipe. Outro conceito relacionado é de autogerenciamento, onde colaboradores ganham autonomia, mas também maior responsabilidade quanto aos resultados. Empresas como a IBM e Odebrecht vêm adotando um sistema parecido. As vantagens desse modelo estariam em gerar mais agilidade e velocidade na tomada de decisão, além de ganhos de produtividade, por envolver diretamente uma gama maior de setores da empresa, maior compromisso por resultados e maior satisfação dos colaboradores, que andam insatisfeitos com "chefes" truculentos, emocionalmente instáveis, vaidosos e incentivadores da competição destrutiva.

Novas formas de perceber a relação trabalho/tempo/resultado vêm sendo propostas. O pensamento conservador é que para ser produtivo, o trabalhador precisa trabalhar 44 horas semanais, durante seis dias úteis. Para controlar essa dinâmica, é importante checar entrada e saída (através do controle do ponto) para comprovar a presença da pessoa nas dependências da empresa. Um funcionário é considerado exemplar se chega cedo ao trabalho, não falta nunca e cumpre todas as suas obrigações operacionais. Essa forma de relação de trabalho baseada no conceito de tempo × espaço vem mudando radicalmente nos últimos anos para uma visão focada no resultado. Não importa onde a pessoa esteja, se dentro ou fora da empresa, se dispensa uma carga horária maior ou menor, dependendo da necessidade e do envolvimento de cada um. Se há um projeto que demanda dedicação, comprometimento, energia e prazos predeterminados, o colaborador dedica a quantidade de horas necessárias para entregar o resultado esperado. Em períodos de entressafra ou menores demandas, pode haver uma flexibilidade maior de tempo dedicado. É bem possível que você deva estar pensando: mas e a legislação trabalhista? E as relações entre empresas e sindicatos? Pois é... Também é preciso repensar e inovar as formas de fomentar o trabalho e proteger o trabalhador. Não dá mais para conviver com leis arcaicas que inibem o aperfeiçoamento e a produtividade.

Outro aspecto interessante que está passando por profundas transformações é o ambiente de trabalho. Primeiro, porque os espaços arquitetônicos tradicionais, como escritórios, parques fabris e áreas de convivência, vêm sendo substituídos por espaços alternativos e criativos, confortáveis, que privilegiam o bem-estar e são projetados para proporcionar uma experiência de trabalho mais rica e inspiradora. Alguns defendem que ideias inovadoras nascem em ambientes inspiradores e inovadores. Empresas como Google, Airbnb e Pixar possuem espaços físicos especialmente desenhados para proporcionar e estimular a criatividade. Outro aspecto a ser discutido é a tendência de levar o escritório para o ambiente domiciliar. Os chamados *home offices* vêm ganhando adeptos em todo o mundo e podem ser uma opção para diferentes segmentos de mercado. Em casa, as pessoas podem produzir mais e melhor, por estarem em um ambiente mais confortável. Pode ser bem mais barato do que pagar aluguel e outras despesas fixas para ter um escritório externo, além de economizar tempo e dinheiro ao evitar deslocamentos em grandes cidades, custos com transporte ou estacionamento, ou até mesmo gastos com refeições em restaurantes. Entretanto, saber separar e conciliar a hora do trabalho com a hora dos afazeres domésticos pode ser um desafio para quem adotar esse modelo. Os problemas e demandas familiares (filhos, cônjuge, administração da casa, contratempos) podem desviar o foco do trabalho. A tentação de acordar mais tarde, assistir a um programa na TV ou de dar aquela cochilada após o almoço não pode ser desconsiderada. É importante ainda que se tenha, de fato, um espaço físico em casa que seja adequado para servir como escritório.

Os métodos tradicionais de recrutamento e seleção também serão impactados pela inovação. O desafio de se desenvolver novas ferramentas, capazes de identificar talentos potenciais para a organização, está estimulando profissionais de recursos humanos a adotar as redes sociais para conhecer melhor o perfil e o comportamento do candidato. *Sites* especializados em divulgar currículos, como o LinkedIn, ou mesmo o Facebook, onde é possível obter maiores informações sobre a personalidade, ciclo de relacionamentos, habilidades e preferências, são cada vez mais utilizados pelas empresas.

Outro segmento da gestão de pessoas que está propondo novas metodologias é o de treinamento e capacitação. A escassez de mão de obra qualificada, associada a uma parcial mas crescente ineficiência das metodologias tradicionais de aperfeiçoamento profissional, está motivando o surgimento de novos modelos. Absorver a responsabilidade pela educação acaba sendo necessário, diante da incapacidade das universidades públicas e privadas no país de oferecer um profissional capacitado e realmente preparado para o mercado. Existe uma grande distância entre o que se aprende em sala de aula e o que é vivido na prática. Acredito e defendo fortemente o modelo das universidades corporativas, que vêm sendo adotadas cada vez mais por empresas que acreditam ser um inevitável caminho para capacitar seus colaboradores de maneira profunda, customizada e adaptada às suas reais necessidades. Empresas como a Starbucks vêm investindo na educação de seus 135 mil funcionários, oferecendo cursos *on-line* em diversas áreas do conhecimento, independentemente até de ter ou não relação com o *core business* da empresa. E o que é mais interessante: sem nenhuma necessidade de vínculo ou obrigação contratual. A ideia é que os colaboradores percebam valor nessa iniciativa e se mantenham mais motivados e fidelizados à empresa.

Mais recentemente, uma nova forma de lidar com a autoestima e a autopromoção vem sendo observada no mundo corporativo. Podemos imaginar que seria absolutamente normal e compreensível que colaboradores buscassem constantemente o reconhecimento no grupo ao qual pertencem, por seus feitos e conquistas dentro da empresa. Entretanto, alguns optam pelo completo anonimato, mesmo estando à frente de grandes projetos, envolvendo um grande número de trabalhadores, em operações complexas e produzindo excelentes resultados. Trata-se dos chamados profissionais "invisíveis". Em recente artigo publicado na *Harvard Business Review*, David Zweig (2014) estudou as características, os impactos e o gerenciamento desse tipo de profissional. Administrar esse perfil profissional dentro das organizações pode ser algo bastante desafiante e inovador. Afinal, como podem esses profissionais terem a confiança para exercer atividades exigentes mas não terem o ego de querer ser amplamente reconhecidos por seu trabalho? Para entender melhor, os "invisíveis" compartilham algumas características: (1) são ambivalentes quanto ao reconhecimento, ou seja, entendem que o tempo gasto se vangloriando com elogios e fama poderia estar sendo dedicado ao trabalho. Assim, o pensamento é muitas vezes oposto ao que a maioria deseja: quanto melhor fazem seu trabalho, mais desaparecem; (2) são meticulosos ao extremo, dedicando atenção especial a todos os detalhes; e (3) são muito responsáveis e comprometidos com o trabalho que fazem. O desafio para os gestores está primeiramente em identificar quem são os "invisíveis" em sua empresa. Ora, se são tão relevantes assim, não dá para não dar atenção especial a eles, saber quem são e criar estratégias para motivá-los e gerenciá-los.

Inovação em sustentabilidade

A sociedade moderna vem aumentando sua demanda e consciência em relação ao papel a ser desempenhado pelas empresas no que tange às relações destas com a comunidade que as cerca, os possíveis impactos ambientais que suas atividades podem provocar e também questões voltadas ao bem-estar, saúde e condições de trabalho dos colaboradores. Consequentemente, inovar em sustentabilidade passou a ser uma necessidade crescente. Para muitas pessoas, o termo *sustentabilidade* refere-se principalmente às questões ambientais, mudanças climáticas e proteção de nossos recursos naturais. Mas o verdadeiro conceito de sustentabilidade é muito mais amplo e está relacionado a qualquer ação estratégica que seja capaz de sustentar o crescimento ao longo do tempo, preocupada tanto com o bem social, quanto com o impacto ecológico. Em 2011, o MIT, em conjunto com o Boston Consulting Group, desenvolveu o *Sustainability and Global Executive Study* e descobriu que 70% das empresas pesquisadas tinham a sustentabilidade como "assunto permanente em suas agendas" e que seus investimentos em sustentabilidade foram aumentando até mesmo durante crises econômicas. Além disso, quase um terço das empresas investigadas informou que a sustentabilidade contribuiu para seus lucros. No mundo moderno, sustentabilidade tornou-se claramente uma forma de fazer negócios e deve, portanto, estar no centro das decisões quando o assunto é inovação. Inovar em sustentabilidade tem dois focos: um seria a inovação voltada para a introdução de produtos, serviços, processos ou mesmo modelos de negócios que envolvam questões sociais, promovam uma melhor qualidade de vida para as pessoas, preservem o meio ambiente, poupem energia ou utilizem fontes energéticas sustentáveis. O uso da tecnologia para esses fins deve ser considerada. A outra vertente refere-se ao envolvimento da empresa na causa sustentável como forma de fortalecer sua imagem perante os consumidores e, consequentemente, agregar valor a sua marca. As empresas podem criar ações sustentáveis de várias maneiras. Uma delas seria fazendo parcerias com ONGs ou organizações filantrópicas para o desenvolvimento de projetos. A outra seria patrocinando ou financiando ações governamentais. Segundo um estudo da Cone Communications e da Echo Research, os consumidores esperam que as empresas se envolvam em causas como:

- Desenvolvimento econômico;
- Meio ambiente;
- Pobreza e Fome;
- Direitos Humanos;
- Educação;
- Promoção de saúde, prevenção e cura de doenças;
- Água.

Além disso, os clientes ainda esperam que as empresas:

1. promovam mudanças de atitude na forma como operam;
2. criem produtos e serviços ou utilizem sua estrutura e competências para ajudar a resolver problemas sociais e ambientais; e
3. atuem fortemente na conscientização de clientes, colaboradores e da sociedade.

Mas, para ter sucesso nessa empreitada, as empresas precisam tomar uma série de cuidados. Em primeiro lugar, ações sutentáveis não podem ser pontuais, isoladas e fora de contexto estratégico. Precisam ser coerentes com os valores da organização. Além disso, é fundamental que a comunicação dos valores e das ações seja transparente. Caso contrário, o cliente pode criar uma percepção equivocada e penalizar a empresa por sua incoerência entre o discurso e a prática.

Estudo de caso: TUDO e Nestlé Roda Gigante

Em 2010, a Nestlé procurou a TUDO para propor um desafio. A marca suíça tinha comprado uma cota de patrocínio do SWU, o famoso festival em prol da sustentabilidade que aconteceria na Fazenda Maeda, em Itú, interior de São Paulo. A marca escolhida para ser ativada no evento foi a Fast, uma linha de bebidas para dar energia ao consumidor. A TUDO deveria pensar em uma ação que conseguisse dar visibilidade à marca e, ao mesmo tempo, a associasse ao tema da sustentabilidade. Porém, a verba que a Nestlé tinha disponível para a ação era muito abaixo dos valores normalmente investidos em um evento desse porte. A equipe de planejamento da agência então pensou: que sensacional seria se uma pessoa que vai a um grande festival de música pudesse ver o evento de cima. Afinal, as imagens mais fantásticas que temos desses grandes eventos são aquelas aéreas, feitas de helicóptero. Foi desse *insight* que surgiu a ideia de criar uma roda gigante de 18 metros, que proporcionaria uma experiência lúdica de ver a amplitude do SWU lá do céu. Agora faltava ligar a ação ao tema da sustentabilidade e à própria marca Fast. Foi quando surgiu a ideia de criar uma interação com o próprio público. Cinco bicicletas ergométricas foram ligadas à roda gigante e as pessoas eram convidadas a pedalar. A energia gerada pelo esforço faria a roda girar. Para deixar a coisa ainda mais divertida, o esforço era retribuído com parte dessa energia usada para recarregar a bateria dos celulares dos participantes. O sucesso foi estrondoso. As filas para usar as bicicletas eram enormes e o assunto repercutiu na mídia nacional, conquistando espaço em jornais, *sites* e importantes telejornais, como o Jornal Nacional e o Profissão Repórter, ambos da Rede Globo.

Inovação em modelos de negócio

Um dos maiores desafios para as empresas diante do atual mundo globalizado e extremamente competitivo é avaliar se o mercado em que se encontra é, e principalmente, será viável e rentável no futuro. Ser capaz de identificar precocemente o esgotamento desse mercado e prever o estado de deteriorização da percepção de valor para o cliente é tarefa para poucos. Muitas vezes, quando o gestor começa a perceber que seus concorrentes estão cada vez mais perto, oferecendo o mesmo a seus clientes e disputando ferozmente cada 0,1% do *marketshare*, na verdade, esse mercado já não é mais capaz de gerar riqueza para a empresa, tampouco agregar valor aos seus consumidores. Gestores inovadores enxergam longe e têm a coragem de questionar o óbvio, o momento presente, a forma convencional e tradicional de ofertar benefícios aos clientes. Se sentem incomodados e inquietos e pensam constantemente em como reinventar o mercado, criando um novo conceito, uma nova forma de operar, quebrando todos os paradigmas vigentes. A partir daí, inovam no modelo de negócio e criam um modo completamente diferente de atuar. Normalmente, quando obtêm sucesso, são capazes de mudar o padrão, levando muitos de seus concorrentes (ou pelo menos aqueles que não são capazes de se adaptar ao novo modelo) à bancarrota. Essa mudança normalmente é complexa e exige da empresa uma série de novas habilidades, tanto em processos operacionais, quanto em recursos tecnológicos e de capacitação de pessoas. Há todo um novo desenho estratégico, uma nova forma de criar valor e, consequentemente, um novo direcionamento na tomada de decisão. Assim aconteceu com o setor aéreo, quando as empresas chamadas *low cost low fare* chegaram ao mercado e reinventaram a forma de viajar de avião. Outro bom exemplo é o do *Cirque du Soleil*, que, ao reiventar a linguagem ancestral do circo, rompeu paradigmas e transformou um modelo de entretenimento praticamente ultrapassado em uma das experiências de entretenimento mais sensacionais e modernas da sociedade contemporânea.

Inovação na logística e na cadeia de suprimentos

O setor logístico e de cadeia de suprimentos vem se tornando cada vez mais estratégico para as empresas. O desafio de disponibilizar o produto ou serviço no lugar certo, cada vez mais próximo do consumidor, no momento exato em que ele deseja e ao menor custo possível, motiva gestores a inovar e buscar soluções que atendam a essas necessidades específicas. Além do aspecto logístico, é importante pensar sempre em encontrar novos caminhos que aproximem seus produtos cada vez mais de seus clientes, em diferentes momentos de compra, sob novas circunstâncias, que possam estimulá-los à compra. Os fornecedores também são cada vez mais estratégicos, sendo muitas vezes vitais para o resultado final da qualidade do produto ou serviço oferecido ao cliente. Construir pontes de relacionamento sólidas com fornecedores se faz cada dia mais necessário. Parceiros por excelência, empresas e fornecedores devem buscar interação constante, troca de experiências e *know-how*, apoio tecnológico e até mesmo financeiro. Desenvolver novos fornecedores em mercados críticos, onde haja uma dependência tecnológica de determinado insumo e relevância estratégica na cadeia de produção, pode também ser considerada uma forma de inovar.

Inovação em produtividade

A enorme necessidade de crescimento sustentado de nossa economia passa por profundas, amplas e complexas mudanças nas mais diversas áreas. A melhor utilização do capital e do trabalho está diretamente relacionada a melhorias em vários aspectos, desde da infraestrutura (estradas, portos, aeroportos, ferrovias), às regras regulatórias, passando por um melhor ambiente jurídico e tributário e pela estrutura educacional e melhores práticas de gestão. Mas certamente os ganhos na produtividade, que talvez seja impactada por boa parte dos citados problemas, é nosso maior dilema. Os resultados pífios de produtividade em nosso país, quando comparados aos países desenvolvidos e mesmo aos emergentes, mostra como estamos distantes das condições ditas "ideais" para sustentar o crescimento econômico, tão desejado por todos e tão necessário para os avanços sociais. Estudos mostram que um trabalhador americano faz sozinho o equivalente a cinco trabalhadores brasileiros. Outros estudos falam até em oito trabalhadores para um americano. Ora, isso é absolutamente inadmissível para uma nação que almeja estar entre as maiores do mundo. A melhoria na qualidade de vida das pessoas está intimamente ligada aos ganhos de produtividade. Isso ocorre porque um trabalhador que produz mais traz maiores retornos financeiros e crescimento para sua empresa, que contrata mais e paga melhores salários e, com isso, movimenta mais a economia.

Além disso, empresas que produzem mais e ofertam melhores produtos no mercado ajudam a controlar a inflação, conhecida inimiga do cidadão, principalmente o de baixa renda.

Diante desse cenário, necessitamos urgentemente concentrar esforços para inovar em produtividade. Reconhecer o problema é o ponto de partida. Por que nossa produtividade é baixa? Enumeramos abaixo as razões:

- baixos níveis educacionais, que levam a uma baixa qualificação da mão de obra;

- parque fabril produtivo ainda deficitário em termos de modernidade e tecnologia;

- déficits importantes na infraestrutura logística do país, que aumenta o tempo gasto para o escoamento da produção e o custo;

- má qualidade de gestão das empresas, ainda presas a metodologias arcaicas e pouco eficientes (temos que levar em consideração que gerir empresas no Brasil com essa quantidade de barreiras e dificuldades não é tarefa fácil);

- cultura social e empresarial acomodada, tolerante com a situação vigente, conformada com pouco, como que dizendo: "do jeito que está, está bom", ou, "se estamos bem, para que crescer?";

- falta de visão empreendedora global, com baixo poder de competição internacional;

- entraves legais e burocracia excessiva, tanto do ponto de vista tributário, quanto para importar mão de obra de qualidade, para aprovação ambiental de projetos, dentre outras.

Empresas de sucesso habitualmente constumam empregar a inovação simultaneamente em diversos setores. Vamos conhecer uma história que pode servir de exemplo e inspiração.

Estudo de Caso: Zappos.com

A empresa que se tornou mundialmente conhecida por ser pioneira em acreditar que seria possível vender sapatos pela internet surgiu em 1999, na época em que todos queriam vender de tudo pela internet. Com sede em São Francisco, Califórnia, a empresa presidida por Tony Hsieh é inovadora por essência, seja no modelo de negócio, seja em pessoas, seja em marketing, sempre com foco de gerar alto valor, centrado no cliente.

Primeiramente no modelo de negócio e no modelo organizacional, a Zappos.com trouxe para a internet algo que parecia impossível: comprar sapatos sem experimentar na loja. Inicialmente, o produto era oferecido no *site*, mas quem distribuía eram os próprios fabricantes, o que gerou uma vantagem competitiva inicial por evitar grande estrutura de estoque e logística. Entretanto, muitos parceiros não conseguiam entregar com eficiência, o que afetava a imagem da Zappos. Em 2003, tendo por objetivo aumentar a experiência positiva e a satisfação de seus clientes, a empresa optou por atender 75% das entregas utilizando a própria cadeia de logística e o próprio estoque. Em pouco tempo, esse processo passou a contemplar 100% das entregas, mesmo aumentando os custos operacionais.

Outra inovação em modelo organizacional foi a introdução, em 2013, da chamada "holocracia", uma nova forma de estruturação hierárquica horizontalizada, onde a estrutura gerencial clássica é eliminada. Os grupos de trabalho são independentes e autogerenciáveis, onde o colaborador ganha autonomia absoluta em sua área de atuação, sem burocracia ou rigidez. O líder do grupo deve mediar as atividades e servir como observador do surgimento de novos talentos e líderes.

A inovação em gestão de pessoas está na maneira como a Zappos se relaciona com seus colaboradores, no recrutamento, treinamento e processos operacionais voltados para o cliente. A cultura da organização é fortemente centrada na humildade e no que eles chamam de "felicidade no trabalho e na vida". Esses valores são vividos e construídos por todos. Dentro dessa linha, a empresa recruta talentos que estão alinhados com essa filosofia.

Na área de marketing, a empresa tem forte exposição nas redes sociais, com perfis no Facebook e Twitter, que representam fortes canais de comunicação constante entre clientes e colaboradores. O próprio presidente tem um perfil muito acessado, onde compartilha ideias e conversa com os clientes sobre a empresa.

Além disso, boa parte da verba é destinada à atenção especial ao cliente e à melhoria contínua dos serviços prestados, enquanto que outros concorrentes gastam dinheiro em canais clássicos de promoção. No call center, setor normalmente indigesto, os colaboradores trabalham com paixão, sem qualquer regra a seguir e sem limites para o atendimento. A orientação é que o atendente investa o tempo que for necessário para esclarecer dúvidas ou encontrar o que o cliente realmente procura, mesmo que seja necessário recomendar um *site* da concorrência. Tudo é voltado para que o consumidor seja o centro da atenção. Para garantir a escolha das pessoas certas para trabalhar no *call center* da Zappos, os candidatos passam por uma disputada seleção, e, após aprovados, ainda recebem uma oferta de dois mil dólares para desistir do emprego. Se aceitam, é porque não têm a paixão necessária para trabalhar na companhia. Esse é um ótimo exemplo que comprova como estratégias de inovação combinadas em vários setores, no caso aqui marketing e pessoas, podem gerar valor e resultados importantes para o cliente.

(Esse estudo de caso foi baseado em artigo publicado na revista *HSM Management*, ed. 107, nov./dez. 2014.).

Referências

BETTENCOURT, Lance A.; ULWICK, Anthony W. The customer-centered innovation map. *Harvard Business Review*, p. 109-114, Maio 2008.

GOBBLE, M. M. Innovation and sustainability. *Research Technology Management*, v. 55, parágrafo 5, p. 64-67, 2012.

VON HIPPEL, Eric et al. The age of consumer-innovator. *MIT Sloan Management Review*, Setembro 2011.

ZWEIG, David. Gerenciando os "invisíveis". *Harvard Business Review*, Setembro 2014.

PRINCIPAIS MODELOS DE INOVAÇÃO

6

A literatura apresenta hoje uma gama enorme de modelos de inovação, descrito por diversos autores e aplicáveis às mais diferentes situações, mercados e modelos de negócio. É muito provável que neste exato momento em que você lê este livro novos modelos já possam ter sido descritos. Alguns deles podem até parecer similares, mas na verdade são complementares, oferecendo ao gestor o maior número possível de ferramentas de inovação. Conhecer cada uma delas, seus fundamentos e aplicabilidades, pontos fortes e fracos, onde e como foram empregadas com sucesso, é fundamental para qualquer pessoa que pretenda inovar. Mas, mais do que conhecer, é vital desenvolver a habilidade de análise crítica para aplicar o modelo certo no momento certo. A seguir, vamos descrever cada uma dessas metodologias.

Não temos aqui a pretensão de delimitar fronteiras entre um conceito e outro. Muitos deles têm interfaces conceituais, portanto, alguns exemplos e casos práticos podem se encaixar em vários modelos. O objetivo maior é apresentar os modelos descritos na literatura acadêmica sem tecer juízo de valor em termos de qual o melhor, o mais aplicável ou o mais correto. Na verdade, cada modelo poderá ser empregado dependendo do contexto, momento, perfil de empresa. O ideal é conhecer todos, para que o gestor possa utilizar o que achar mais conveniente e aplicável, no momento em que julgar necessário.

Inovação incremental × radical

Sem dúvida, existe hoje uma enorme demanda por inovações que sejam capazes de transformar o mundo e a empresa. Nos últimos anos, alguns professores influentes passaram a sustentar um movimento de minimização de ideias que não fossem suficientemente geniais a ponto de trazer efetivamente algo excepcionalmente novo ao mercado. Pessoalmente, discordo desse ponto de vista, não porque não acredite que inovações radicais devam ser perseguidas por todas as empresas. Certamente, aquelas que conseguiram mudar sua história, criar novos segmentos de mercado, produtos amados por todo o mundo, são exemplos a serem seguidos. Mas o que me preocupa é essa enorme ênfase em um objetivo máximo, que parece inatingível pela grande maioria das empresas em nosso país. Sob essa ótica, muitos poderiam desistir, não investir o suficiente ou mesmo não acreditar que as pequenas inovações do cotidiano são muito mais frequentes, possíveis e necessárias para o crescimento contínuo. Afinal, certamente a grande maioria das inovações surgem a partir de um modelo predeterminado. Esse modelo de inovação é conhecido como *inovação incremental*, ou seja, aquela que promove melhorias contínuas, a partir de algo já existente, mas que por alguma razão se tornou insuficiente para atender necessidades ou obter resultados melhores. A possibilidade de avançar sob algo já estabelecido traz inúmeras vantagens. A primeira delas é que a defesa da ideia inovadora dentro das organizações se torna mais fácil, pois já existem argumentos e evidências básicas para sustentar o processo. Obviamente, esse apoio interno é fundamental para que recursos financeiros, humanos e tecnológicos, além de tempo e energia, possam ser direcionados ao novo projeto. Outro aspecto que favorece a inovação incremental é o menor risco de insucesso. Isso ocorre porque já há um conhecimento prévio do mercado e do cliente, de como estes se comportam e do que necessitam de forma mais clara. Ferramentas de pesquisa são utilizadas para identificar essas novas necessidades. O cliente responde a partir de uma base conhecida, sendo capaz, portanto, de informar à empresa qual a sua próxima necessidade ou o que está faltando para que o produto oferecido seja ainda melhor. A informação é obtida, internalizada e transformada em melhorias contínuas. Isso é inovação incremental. Ora, não há dúvida de que esse é um bom e tradicional caminho para inovar. Sabe aquele produto que já está estabelecido no mercado e que ganhou um novo modelo, *design*, sabor ou cor, uma especificação técnica mais diferenciada ou embalagem mais prática ou sustentável? Pois é. Ele passou por uma inovação incremental.

Por outro lado, não há como negar que as inovações incrementais jamais serão capazes de criar algo totalmente novo ou provocar uma forte mudança de conceitos e valores. Conhecemos bem alguns exemplos de empresas que promoveram inovações que mudaram a nossa forma de pensar, agir ou viver na sociedade. Essa inovação é conhecida como *radical*, ou seja, aquela capaz de romper com os paradigmas do passado, oferecendo um valor totalmente novo e superior ao oferecido anteriormente e mudando de maneira radical a relação entre empresa e cliente. São exemplos mais recentes de inovação radical o iPod da Apple, que transformou completamente o mercado de músicas no mundo, não só por trazer uma nova tecnologia (a música passou a ser compactada no formato MP3 e, a partir daí, compartilhada) ou por trazer empresas do segmento de informática para o setor de eletroeletrônicos, mas também por introduzir uma nova forma de consumir música. A partir dessa inovação radical, as músicas deixaram de ser vendidas apenas "em atacado", onde o cliente é obrigado a comprar uma seleção "empacotada", nem sempre 100% do seu agrado, nos CDs ofertados pelas gravadoras, e passaram a ser vendidas no "varejo", onde ele pode escolher e comprar somente as canções que deseja.

Mas vale lembrar que promover inovações radicais não é tão fácil e simples quanto parece. Por se tratar de algo completamente novo, "vender" a ideia internamente na empresa pode ser um grande desafio. Conseguir os apoios necessários, vencer as naturais resistências a tudo o que é novo, quebrar o *status quo* são dificuldades a serem enfrentadas quando se pensa nessa modalidade de inovação.

Em defesa da inovação incremental

Volto a afirmar que em um país como o Brasil, ainda carente de grandes inovações, e que necessita otimizar seus investimentos com menor risco, a inovação incremental é sim uma excelente metodologia. É preciso resisitr aos modismos internacionais, com a coragem de adaptar e encontrar o melhor modelo a ser aplicado em cada mercado e em cada contexto. A *inovação incremental* é ainda certamente um dos modelos mais úteis às empresas brasileiras.

Inovação Aberta

Até bem pouco tempo atrás, a inovação era considerada uma ação estratégica restrita aos centros de pesquisa e ao desenvolvimento das empresas. As principais informações eram guardadas em confidencialidade, por se acreditar que se tratava de algo que poderia ser facilmente copiado pelos concorrentes. É certo que as leis de proteção do capital intelectual e de patentes atua no sentido de preservar esse ativo sagrado, que exigiu grandes investimentos, de toda espécie. É certo ainda que as organizações precisam sim se proteger da conhecida espionagem industrial, onde concorrentes se aproveitam de informações e tecnologias para lançar projetos equivalentes, destruindo todo o pioneirismo e caráter inovador. Por essas razões, as empresas investiam (e investem até hoje) fortunas em laboratórios e pesquisadores talentosos. O custo para inovar é um dos grandes dilemas das organizações.

Em tempos de grande competitividade internacional, momentos econômicos difíceis e crise mundial, manter o foco e otimizar custos, sem comprometer a capacidade futura de inovação, é um desafio. Adiar ou cancelar iniciativas teoricamente menos promissoras ou dar atenção e recursos apenas para os projetos que são mais susceptíveis em gerar lucros de curto prazo podem ser decisões tentadoras. Por isso, manter a inovação restrita apenas à empresa pode ser um fator de retardo ou risco. Buscar novas oportunidades e metodologias, capazes de manter a inovação ativa e oxigenar projetos futuros, pode ser uma excelente saída. É aí que entra o conceito da *Inovação Aberta*. A expressão foi descrita originalmente pelo economista Henry Chesbrough, professor da University of California Berkeley, em seu livro *Open Innovation: The New Imperative for Creating and Profiting from Technology* ("Inovação Aberta: o Novo Imperativo para Criar e Lucrar com a Tecnologia"), explicando como as corporações podem buscar ideias externas para alavancar seu desenvolvimento, além de compartilhar as próprias inovações. Na verdade, no mundo cada vez mais tecnológico e globalizado, as boas ideias estão e estarão cada vez mais disseminadas, e nenhuma empresa terá condições de absorver ou trabalhar com todas essas oportunidades. Por essa metodologia, a empresa coloca alguns de seus ativos de inovação fora de suas fronteiras. Assim, uma parte ou a totalidade do projeto inovador passa a vir de meios externos. Essa forma de inovar pode ser uma excelente alternativa para a empresa manter a inovação ativa, otimizando investimentos (principalmente nas fases iniciais do desenvolvimento dos projetos), permitindo que as ideias, o capital intelectual e as pessoas passem a fluir livremente, tanto de fora para dentro da empresa, quanto no sentido inverso. Estar aberto culturalmente e estruturalmente para essa possibilidade de inovação pode possibilitar à empresa a oportunidade de acessar uma quantidade maior de recursos e ideias, disponíveis fora de seus limites.

A principal proposta da Inovação Aberta é contrapor-se à convencionalmente chamada *Inovação Fechada*, ou seja, aquela que tradicionalmente ocorre dentro dos escritórios e laboratórios da empresa, trancada a sete chaves, e que envolve informações algumas vezes confidenciais e restritas a poucos colaboradores. O paradigma é que se há o desejo de fazer algo perfeito e de qualidade, isso precisa ser feito de forma isolada, por pessoas totalmente ligadas e envolvidas com o negócio da empresa. Os desafios por mais inovação, em um intervalo de tempo menor, produtos que se tornam obsoletos cada mais mais rápido e uma crescente busca por novidades no mercado tornou o modelo fechado muito caro, lento e não mais suficientemente capaz de atender a essa demanda. Ora, estamos na era de compartilhar, de somar ideias e esforços para gerar valor cada vez maior ao cliente.

Dessa forma, a Inovação Aberta chega como alternativa ao modelo de inovação tradicional, podendo vir de diversas fontes. Pode partir, por exemplo, de outra empresa que seja ou se torne parceira do projeto, desenvolvendo parte ou todo o processo de inovação. Outra possibilidade é vir de universidades, conhecidos centros de pesquisa e desenvolvimento de tecnologias, que podem também repassar a tecnologia a empresas para que estas possam viabilizar a ideia, traduzindo-a sob a forma de produtos e serviços, ou tornar a tecnologia inovadora economicamente viável. Uma das mais recentes maneiras de se promover a *Inovação Aberta* é através do envolvimento dos clientes. Imaginar que clientes possam ser parceiros em inovação não é uma compreensão simples dentro das organizações. É de se esperar que conflitos culturais funcionem como barreira. Primeiro, porque há o temor do risco da exposição livre e direta no relacionamento com o cliente. Segundo, porque a empresa se preocupa muito com as questões da proteção da propriedade intelectual. Por outro lado, vinda de clientes, a inovação passa a estar mais próxima das reais necessidades do público-alvo, aumentando as chances de sucesso. Clientes podem se comunicar e colaborar através de modernos canais de relacionamento, como mídias sociais, internet, ou mesmo através de campanhas de marketing específicas e voltadas para a colaboração aberta.

Um ponto interessante relacionado à *Inovação Aberta* e que é necessário ser quebrado é o paradigma de que quem detém a tecnologia é mais importante ou merece uma fatia maior do resultado.

Imaginar que o retorno financeiro é o grande motivador que estimula os clientes a colaborarem com as empresas é um equívoco. Boa parte das pessoas que aceitam participar de projetos de *Inovação Aberta* o fazem prioritariamente por retorno ou necessidade pessoal. A possibilidade de fazer parte da história da empresa, bem como os ganhos de reputação, são estimulantes. Outro fator que pode incentivar pessoas é a história em si, algo de interessante para contar, ter o prazer de efetivamente ter participado de algo relevante e com notoriedade.

Dizer que a *Inovação Aberta* é a solução para a crise de inovação que se vive hoje na maioria das empresas pode ser ainda precoce. Ainda é preciso esperar que os casos experimentados até hoje se consolidem e criem uma tendência realmente clara. Também pode ser precipitado dizer que esse modelo (e qualquer outro dos modelos descritos neste capítulo) serve a todas as empresas. Cada caso será sempre um caso em particular a ser analisado e cada organização deve encontrar seu modelo ideal. Mas certamente essa maneira de enxergar a inovação pode trazer resultados muito interessantes e merece ser considerada.

Inovação Disruptiva

A proposta de quebrar paradigmas de forma abrupta e propor algo que realmente possa mudar um conceito vigente vem sendo um modelo desejado e perseguido por muitos gestores. Os primeiros conceitos disruptivos foram propostos por Clayton Christensen e Joseph Bower há quase 20 anos, ainda em 1995, em artigo escrito na *Harvard Business Review*. Incrivelmente, nesse trabalho os autores já mencionavam a necessidade de se tomar decisões empresariais voltadas para o cliente e que o desenvolvimento de produtos e tecnologias deveria seguir a lógica do consumidor e não da empresa. Além disso, os gestores deveriam ter o cuidado em ignorar novas tecnologias que inicialmente não correspondessem às necessidades prioritárias ou primordiais do mercado. É interessante lembrar que os computadores portáteis foram ignorados pelos acionistas da Apple no passado, enquanto Steve Jobs já acreditava nessa tendência e tinha sérios atritos na época para ser ouvido. Tecnologias disruptivas são importantes não só pela evolução tecnológica em si, mas pela capacidade de promover mudanças em duas frentes: primeiro, por trazer um pacote de diferentes atributos de *performance* antes não percebidos ou valorizados. Ou então, por promover melhorias tão relevantes em algo já existente que produzem uma ruptura, alterando o modelo, as relações e as operações do mercado a partir daí. Um exemplo disso foi a chegada da tecnologia digital nas câmeras fotográficas, tecnologia que rompeu com o modelo de negócio anterior, trazendo novos hábitos de fotografar, compartilhar e armazenar imagens, sem a necessidade de processos de revelação de filmes. Com o passar dos anos, os conceitos disruptivos antes focados em tecnologia foram sendo ampliados para *Inovação Disruptiva* pelo mesmo autor, no seu livro *The Innovator's Dilemma*, de 1997. Assim, inovações que inicialmente produzem transformações em parte do mercado se ampliam drasticamente e promovem uma nova ordem, deslocando ou eliminando concorrentes antes estabelecidos sob o padrão tradicional anterior. Gestores devem direcionar sua visão disruptiva em dois sentidos, em termos de oportunidades:

1. Mercados esquecidos ou negligenciados pelos concorrentes, seja pelas baixas margens de lucro ou porque grandes empresas desconhecem as reais características, hábitos e comportamentos do setor. As classes econômicas D e E no Brasil (e, por que não, também a C) costumam oferecer oportunidades para *Inovações Disruptivas,* pois esses segmentos recém-fortalecidos nos últimos anos ganharam poder de renda suficiente para gerar negócios especificamente voltados para essa parcela de consumidores. Na mesma direção estão os conceitos de C. K. Prahalad propostos em seu livro *A Riqueza na base da Pirâmide,* onde ele afirma que existem inúmeras oportunidades de negócios em mercados inferiores, mas com grande potencial de crescimento e consolidação. É claro que a inovação deverá estar voltada a uma nova forma de enxergar custos, escala, atributos de qualidade ou processos, pois tudo deve estar voltado ao perfil e comportamento específico dessa parcela do mercado.

2. Criar mercados inteiramente novos, inexistentes ou não percebidos, oferecendo algo extremamente novo e que vem solucionar necessidades antes não conscientemente entendidas pelos clientes. Na verdade, o conceito de criar é relativo. Não que a empresa esteja criando alguma coisa que o mercado não queria e que, a partir de agora, vai passar a querer, como por imposição. Possivelmente, as necessidades já criadas por influências sociais, culturais e comportamentais do mundo moderno estão ainda em fase latente, ainda não decodificadas nem pelas pessoas, nem pelas corporações. Em algum momento, o gestor criativo e inovador detecta e percebe a tendência vigente e a decodifica ou a traduz sob a forma de novos produtos e serviços disruptivos, dando a impressão de uma criação inédita. Mas o que ocorre é uma maravilhosa união entre uma expectativa latente e adormecida e um novo produto absolutamente alinhado com o desejo até então desconhecido.

Para ser considerado disruptivo, um produto tem de reunir duas condições: deve começar como inferior no que se refere às expectativas dos clientes em relação ao seu desempenho, mas com preço atraente. Como resultado, os clientes existentes inicialmente o ignoram, mas outros clientes (geralmente ainda não consumidores) são atraídos pelo preço baixo. A partir daí, para um produto tornar-se verdadeiramente perturbador, precisará evoluir e tornar-se "bom o suficiente" em *performance* para atrair aqueles consumidores que inicialmente o ignoraram (ou outros clientes de mercados desenvolvidos), enquanto que ao mesmo tempo permanecerá com bom preço. O que torna um produto disruptivo é como ele se desenvolve ao longo tempo e como o mercado responde a ele. Assim, o modelo de negócio disruptivo é aquele que detém vantagens competitivas com baixos custos e boa *performance* operacional, com diferenciais estratégicos únicos.

> **Estudo de caso: Empresas aéreas de baixo custo**
>
> As empresas aéreas de baixo custo surgiram com uma oferta de serviços inferior aos padrões até então oferecidos ao mercado, mas com ótimos preços. Inicialmente, atenderam a clientes que ainda não haviam utilizado serviços aéreos ou um público onde o preço era fator determinante, e por isso estariam dispostos a abrir mão de parte da qualidade dos serviços oferecidos. Com o passar do tempo, os consumidores que anteriormente não viajavam nessas empresas passaram a experimentar o serviço, atraídos pelos preços baixos. As companhias aéreas foram se aperfeiçoando, melhorando os processos, facilitando o *check-in*, o embarque, mas mantendo a percepção do baixo preço. O que aconteceu foi que o consumidor reprogramou sua percepção de valor, deixando de dar importância ao serviço de bordo ou ao atendimento personalizado, por exemplo, e passando a valorizar o custo do bilhete e as facilidades obtidas. As novas companhias aéreas determinaram uma ruptura no setor de aviação e se fortaleceram no mercado, pressionando as companhias tradicionais já estabelecidas a se adaptarem ao novo modelo ou, pior, foram decisivas para a falência daquelas que não conseguiram seguir as novas tendências.

Inovação Reversa

O racional desse modelo de inovação é que, na maioria das vezes, a inovação sempre se concentra em mercados desenvolvidos, ricos em talentos e tecnologia, e detentor de recursos abundantes. Mas, além disso, a inovação é pensada sob uma visão voltada para a realidade e necessidade desses mercados. Assim, empresas americanas, por exemplo, certamente criam produtos e serviços voltados para a solução de problemas em seus mercados. Entretanto, algumas oportunidades de inovação podem estar sendo desperdiçadas, porque as organizações se esquecem de olhar para mercados ainda pouco explorados e que demandam soluções diferentes daquelas dos países ricos. A sociedade nesses segmentos tem outra forma de se organizar, pensar ou se comportar. É aí que se enquadra a *Inovação Reversa*, proposta inicialmente por Vijay Govindarajan, professor da Tuck School of Business, da Dartmouth University, e Chris Trimble, no livro *Reverse Innovation: create far from home, win everywhere* (2012). A ideia é que o processo de inovação possa ser processado por profissionais que entendam as características dos mercados emergentes e, consequentemente, possam ter como foco a resolução de problemas sob uma ótica divergente, buscando simplicidade, praticidade, economia de escala e de custos, facilidade de manuseio e de transporte, portabilidade e aplicabilidade. É importante ressaltar mais uma vez que o gestor deve perceber o mundo sob o ângulo da simplicidade (e não sob a visão dos países ricos, onde as inovações envolvem altas tecnologias e são complexas e caras). A Inovação Reversa acontecerá quando a ideia, o protótipo ou mesmo o resultado final criado sob a ótica do mercado emergente ganhar o mercado dos países ricos, criando novas oportunidades e encontrando novas aplicações do objeto inovador. É uma inversão do modelo mais convencional, em que a inovação proveniente da matriz, normalmente em um país rico, é adaptada ou forçada sobre mercados emergentes. Na verdade, ela será inicialmente adotada nos mercados emergentes e depois "exportada" para os mercados ricos. Podemos dizer que a inovação seguiu algumas fases, durante seu desenvolvimento estratégico, nas empresas.

Fases da Inovação Reversa (segundo Vijay Govindarajan e Chris Trimble – 2012):

Fase 1 – Globalização

Multinacionais inovam em mercados ricos e vendem produtos e serviços para o mundo inteiro, construindo grandes economias de escala.

Fase 2 – Glocalização

Compreensão de que, apesar de a globalização ter minimizado os custos, também dificultou a adaptação e a customização de produtos e serviços em mercados locais, sendo uma barreira para a competitividade. Para amenizar o problema, passou-se a adaptar ofertas globais às necessidades locais, ou seja, a inovação originou-se a partir das necessidades dos países de origem, mas os produtos e serviços foram posteriormente modificados para atender às particularidades de cada mercado.

Fase 3 – Inovação Local

Nessa fase, as multinacionais estão se concentrando no desenvolvimento de produtos especialmente destinados a mercados locais. O processo se inicia com uma avaliação com base zero em termos de necessidades do cliente, ao invés de assumir que eles só vão fazer alterações e adaptações em produtos que já possuem. Mas aqui a inovação ainda é feita em um determinado país e destinada a esse mesmo país.

Fase 4 – Inovação Reversa

Agora, a inovação que se originou em um país passa a ser adotada em outros países. Com o processo de Inovação Reversa, as empresas finalmente podem enxergar que inovações originalmente desenvolvidas para países emergentes e pobres têm grande potencial de adaptação e uso em todo o mundo.

> **Estudo de caso: Ultrasom GE**
>
> O estudo de caso que se tornou clássico para exemplificar a Inovação Reversa foi o do aparelho de ultrassonografia da GE, conhecido como GE Logic. Esse aparelho foi desenvolvido pela GE chinesa para atender às necessidades de um mercado absurdamente enorme, com dificuldades econômicas e geograficamente complexo. Assim, a companhia desenvolveu um aparelho relativamente simples, de fácil operação, portátil e com um custo relativamente baixo quando comparado aos aparelhos sofisticados e caros produzidos por sua matriz. Por conta de um custo muito atrativo, a GE decidiu levar esse produto, desenvolvido sob a ótica e necessidade de um mercado emergente e carente, para o mercado americano, onde encontrou novos segmentos ainda não atendidos anteriormente pelos modelos convencionais.

O modelo Inovatrix

Proposto por Clemente Nóbrega e Adriano R. de Lima como um conjunto de práticas e ferramentas que, a partir de um contexto complexo, constrói inovação e criatividade na busca de solucionar problemas. Parte do princípio de que a oportunidade de inovação sempre estará presente quando houver um *gap*, lacuna ou espaço entre o que está sendo feito hoje e agora e o que é considerado ideal para o cliente e/ou mercado. Essa lacuna pode ser considerada um *job to be done*, ou seja, existe algum trabalho ou tarefa a serem feitos, mas ninguém está cumprindo essa demanda com maestria. O conceito essencial do método é que a solução parte de um conjunto de recombinações de recursos já diponíveis e existentes.

Na verdade, esse método é uma extensão do método TRIZ (Teoria de Resolução de Problemas Inventivos), desenvolvido pelo cientista russo Geinrich Altshuller, que considera a situação problemática e a solução e o processo da solução como sistemas. Basea-se ainda em alguns princípios:

- idealidade: os sistemas evoluem no sentido do aumento das funções úteis e da diminuição das funções inúteis e prejudiciais;
- contradição: um dos caminhos de evolução dos sistemas é a resolução de contradições que o sistema contém;
- recursos: é possível resolver um problema identificando e usando ativamente elementos da própria situação problemática;
- sistemática: é uma forma de entender a ideia dentro de um contexto que envolve tempo, espaço e interações.

Os princípios inventivos descritos por Altshuller, em 1969, foram descritos originalmente para a área de engenharia, mas posteriormente foram aplicados em diferentes setores, inclusive na gestão de empresas. Assim, para todo problema há uma contradição e o objetivo será sempre a compensação dessa contradição, ou seja, tentar ajustar o que se quer melhorar e/ou minimizar o que irá piorar com a solução. Veja a seguir quais são os 40 princípios:

1. Segmento ou fragmentação	21. Aceleração
2. Remoção ou extração	22. Transformação de prejuízo em lucro
3. Qualidade localizada	23. Retroalimentação
4. Assimetria	24. Mediação
5. Consolidação	25. Autosserviço
6. Universalização	26. Cópia
7. Aninhamento	27. Uso e descarte
8. Contrapeso	28. Substituição de meios mecânicos
9. Compensação prévia	29. Construção pneumática ou hidráulica
10. Ação prévia	30. Uso de filmes finos e membranas flexíveis
11. Amortecimento prévio	31. Uso de materiais porosos
12. Equipotencialidade	32. Mudança de cor
13. Inversão	33. Homogeneização
14. Recurvação	34. Descarte e regeneração
15. Dinamização	35. Mudança de parâmetro e propriedades
16. Ação parcial ou excessiva	36. Mudança de fase
17. Transição para nova dimensão	37. Expansão térmica
18. Vibração mecânica	38. Uso de oxidantes fortes
19. Ação periódica	39. Uso de atmosfera inertes
20. Continuidade da ação útil	40. Uso de materiais compostos

1. **Segmentação ou fragmentação**: dividir o objeto em partes independentes; seccionar o objeto, incluindo a possibilidade de desmontagem; aumentar o grau de segmentação do objeto. Exemplo: móveis modulares ou novas técnicas de construção civil;

2. **Remoção ou extração**: consiste em remover ou separar a parte indesejada ou desnecessária do objeto; extrair apenas a parte necessária ou desejada;

3. **Qualidade localizada**: mudar a estrutura de um objeto de homogêneo para não homogêneo; atribuir diferentes funções para cada parte do objeto Exemplos: canivete suíço; no setor de varejo, pode ser aplicado nas drogarias, que hoje oferecem um leque de serviços diferentes no mesmo lugar;

4. **Assimetria**: tornar o objeto assimétrico;

5. **Consolidação**: unir objetos idênticos ou similares para executar operações em paralelo. Exemplo: pacotes ou combos no setor hoteleiro ou de viagem de férias;

6. **Universalização**: atribuir múltiplas funções a um objeto, eliminando a necessidade de vários objetos. Esse é um dos princípios mais utilizados hoje em dia, dentro do conceito da convergência tecnológica, como nas máquinas de lavar e secar e nos telefones celulares;

7. **Aninhamento**: consiste em colocar um objeto dentro do outro. Exemplo: alguns conceitos de *design* e arquitetura de móveis, como as TVs dentro de móveis;

8. **Contrapeso**: compensar o peso do objeto pela união com outros objetos que produzam sustentação. Exemplo: elevadores; partidos políticos alavancam políticas públicas unindo-se aos setores populares;

9. **Compensação prévia**: se uma ação produz efeitos positivos e negativos ao mesmo tempo, é possível fazer uma compensação prévia para atenuar o efeito negativo. Exemplo: colar fita adesiva para proteger uma área antes de pintar;

10. **Ação prévia**: ordenar previamente objetos de forma que eles possam entrar em ação sem perda de tempo ou com mais conveniência. Exemplo: lavagem de carro no estacionamento no tempo de permanência em um *shopping* ou aeroporto;

11. **Amortecimento prévio**: compensar a baixa confiabilidade do objeto com precauções. Exemplo: paraquedas reserva, caso o principal não abra; antivírus para programas de computador;

12. **Equipotencialidade**: modificar as condições de trabalho para que um objeto não necessite ser levantado ou abaixado. Pode ser interpretado, do ponto de vista da gestão de empresas, como a remoção de tensão. Exemplo: retirar benefícios adquiridos em negociação sindical para evitar demissões;

13. **Inversão**: inverter a ação para solucionar problemas, como virar um objeto para baixo. Exemplo: embalagens de xampu e creme dental;

14. **Recurvação**: substituir formar retilíneas por curvas. Exemplos: usar força centrífuga, rolamentos, esferas; processos verticalizados ou decisões centralizadas podem ser substituídos por processos mais compartilhados, onde as ideias e/ou ações giram em todo o grupo;

15. **Dinamização**: fazer com que as características do objeto, ambiente ou processo possam ser otimizadas durante a operação. Outro princípio muito utilizado, principalmente para otimizar processos. Exemplo: linha de montagem de automóveis; compras pela internet;

16. **Ação parcial ou excessiva**: executar um pouco menos ou um pouco mais quando é difícil conseguir 100% do efeito. Exemplos: empresas aéreas de baixo custo; produtos que têm um concorrente reconhecidamente melhor, mas que aumentam a oferta de serviços, acessórios etc. por não possuírem o melhor produto do mercado;

17. **Transição para nova dimensão**: mudar de linear para planar, de tridimensional para bidimensional. Exemplos: comprar ou produzir em um local para atuar ou vender em outro; mudanças de mercados ou segmentos de atuação;

18. **Vibração mecânica**: produzir oscilação ou vibração do objeto. Exemplo: técnicas de engenharia de perfuração de solo ou o mo-

delo Fusion da Gillette, que permite um barbear suave com a vibração do objeto;

19. **Ação periódica**: trocar uma ação contínua por uma periódica ou pulsada. Exemplos: liquidificador que pulsa para quebrar melhor o gelo; no setor de serviços, pode ser aplicado em manutenção periódica de infraestrutura ou máquinas e equipamentos em períodos sazionais;

20. **Continuidade da ação útil**: fazer com que todas as partes de um objeto trabalhem a plena carga, o tempo todo. Exemplo: copiadoras que copiam e imprimem frente e verso do papel ao mesmo tempo;

21. **Aceleração**: executar um processo ou determinadas etapas em alta velocidade. Exemplos: as centrifugadoras e as brocas odontológicas; em serviços, pode ser aplicado na troca de cenário entre uma cena e outra em uma peça de teatro;

22. **Transformação de prejuízo em lucro**: utilizar fatores ou efeitos prejudiciais ao ambiente em lucro ou benefício. Exemplos: reciclagem de lixo; produzir biocombustíveis a partir do bagaço da cana-de-açúcar; pode ser ainda aplicado em uma decisão de diminuição de recursos disponíveis para estimular soluções inovadoras durante períodos de crise;

23. **Retroalimentação**: ou mesmo o *feedback*. Exemplos: motores elétricos e os sensores de estacionamento, que dão o *feedback* da distância do objeto; retorno de clientes em pesquisas; Inovação Colaborativa;

24. **Mediação**: utilizar um objeto ou processo intermediário como mediador. Exemplos: exposição de produtos em TV e filmes; serviços de consultoria;

25. **Autosserviço**: fazer com que um objeto "ajude a si mesmo" na execução de funções suplementares. Exemplo: bicicletas elétricas que aproveitam a energia dos pedais para alimentar a bateria. O conceito originalmente foi desenhado para engenharia, mas o setor de serviços vem sendo particularmente beneficiado com esse princípio quando repassa ao cliente parte ou a totalidade

da realização do serviço. Exemplo: autoatendimento de abastecimento em postos de gasolina, *check-in* pela internet, internet *banking*, restaurantes *self-services*, dentre inúmeros outros;

26. **Cópia**: substituir objetos caros, frágeis ou de difícil obtenção por cópias mais simples e baratas. Exemplo: imprimir o resultado do exame de raio x em papel ou enviar a imagem pela internet, ao invés de entregar o filme do raio x, que é muito caro;

27. **Uso e descarte**: substituir um objeto caro por um barato e descartável. Essa ação tende a aumentar a praticidade, segurança, higiene e agilidade de processos. Exemplo: materiais médicos, pratos, talheres e copos descartáveis;

28. **Substituição de meios mecânicos**: substituir um sistema mecânico por um óptico, acústico, táctil ou magnético. Exemplo: cercas eletrificadas; novas locomotivas e "trens-bala" movidos a magnetismo, sem contato com os trilhos;

29. **Construção pneumática ou hidráulica**: substituir as partes sólidas por gás ou líquido. Exemplo: tênis com amortecimento em gel; embalagens com espuma ou bolhas de plástico;

30. **Uso de filmes finos e membranas flexíveis**: isolar o objeto do ambiente externo, utilizando películas ou filmes flexíveis. Exemplo: lentes de contato;

31. **Uso de materiais porosos**: faça um objeto se tornar poroso ou com furos. Exemplo: tijolos com poros para reduzir peso;

32. **Mudança de cor**: princípio muito utilizado na inovação de produtos, ambientes, *design*;

33. **Homogeinização**: fazer objetos que interagem entre si, com o mesmo material ou propriedades idênticas. Exemplo: colheres de plástico para interagir com as panelas de tefal;

34. **Descarte e regeneração**: eliminar ou modificar partes de um objeto que já tenham cumprido sua função. Exemplo: cápsulas de medicamentos que são absorvíveis pelo estômago;

35. **Mudança de parâmetros e propriedades**: mudar o estado, agregação, concentração ou consistência, grau de flexibilidade

ou temperatura. Exemplo: gás liquefeito, para facilitar o armazenamento e transporte, que depois se transforma novamente em estado gasoso ao ser usado no fogão;

36. **Mudança de fase**: utilizar fenômenos relacionados à mudança de fase. Exemplo: liberação ou absorção de calor, mudança de volume;

37. **Expansão térmica**: utilizar materiais que se expandem ou contraem com mudanças de temperatura. Exemplo: termostato que desliga o equipamento quando a temperatura aumenta ou diminui;

38. **Uso de oxidantes fortes**: utilizar princípios químicos de gases e materiais;

39. **Uso de atmosferas inertes**: substituir o ambiente normal por um inerte. Exemplo: produtos a vácuo e a lâmpada;

40. **Uso de materiais compostos**: substituir materiais homogêneos por compostos. Exemplo: uso da fibra de carbono para aumentar a resistência.

É importante lembrar que todos os princípios foram originalmente pensados sob a ótica da engenharia, sendo extremamente úteis na inovação de produtos, máquinas e equipamentos e nos processos operacionais. Por isso, podem exigir alguns conhecimentos específicos de física, química e matemática e podem parecer de difícil aplicabilidade, em alguns setores. Entretanto, podem ser ampliados para diversos outros segmentos empresariais, setor de serviços, processos etc. São necessários visão completa, compreensão aprofundada da metodologia, conhecimentos e habilidades múltiplas e uma mente criativa para expandir os princípios para as diversas áreas.

Inovação por Similaridade Temática

A visão de semelhança entre mercados, competidores e clientes tem sido pautada por grandes paradigmas por gestores. Há uma tendência em enxergar como semelhantes aqueles que atuam exatamente no mesmo segmento ou que desempenham a mesma atividade fim. Na verdade, o questionamento a ser feito é: quando é que duas coisas (tais como empresas, produtos, recursos) são mesmo semelhantes e quando não são? Mais importante ainda é saber como é que essas semelhanças e dessemelhanças ocorrem e qual a importância estratégica. Será possível que dois negócios aparentemente diferentes, de categorias distintas, possam na verdade ser congruentes? Baseados nessas premissas, Michael Gibbert e Martin Hoegl desenvolveram, em artigo publicado na *MIT Sloan Management Review*, em 2011, o conceito de Inovação por Similaridade Temática. A proposta é inverter a maneira de perceber o quão similares são duas coisas (uma visão micro, técnica e que promove ganho de escala operacional) para como duas coisas podem ser similares (visão macro, de cenário, e que visa promover ganho estratégico). Assim, duas coisas têm Similaridade Temática se interagem no mesmo cenário ou evento. Para entender, tênis e MP3 *player* interagem no tema "exercício", enquanto computadores e cafeteira interagem no tema "escritório". O foco é procurar entender como os negócios podem ser complementares, um potencializando o outro, um abrindo mercado para o outro ou ainda um utilizando uma vantagem competitiva do outro. Esse modelo traz implicações relevantes:

- ✓ pode promover novas e inéditas oportunidades de inovação;
- ✓ pode auxiliar no desenvolvimento de novos produtos e serviços resultantes da combinação de ativos estratégicos categoricamente diferentes, mas com similaridade temática;
- ✓ abre a imaginação para vislumbrar produtos que respondem "de fato" aos novos caminhos e necessidades dos consumidores.

Estudo de caso: Intel e McAfee

O que a Intel e a McAfee têm em comum? A princípio nada, mas baseado no conceito de Similaridade Temática, essas duas empresas se uniram, em 2010, quando a Intel, fabricante de *chips* de computador, adquiriu a McAfee, fabricante de *software* de segurança, por U$ 7,7 bilhões. O racional desse negócio bilionário é que a Intel produz *hardware*, *chips*, mais precisamente, enquanto a McAfee produz *softwares* antivírus. Elas atuam aparentemente em duas categorias completamente diferentes, mas não é difícil imaginar o quanto são sinérgicas atuando juntas e qual o potencial de desenvolvimento de novas tecnologias, como *hardwares* mais seguros, melhorados para tornarem-se capazes de resistir a ataques maliciosos.

Inovação às Escondidas

Que ideias ousadas e inovadoras são necessárias a qualquer empresa, não há dúvida nenhuma. Também não é segredo para ninguém que quanto mais atípica e fora dos padrões convencionais da empresa a ideia for, maior a chance de receber críticas e enfrentar obstáculos internos. As brigas por território e poder, as vaidades internas e uma já tradicional maneira linear e clássica de julgamento coletivo terão forte influência em como a ideia transitará internamente até receber o apoio necessário e ser aprovada. Por causa disso, muitos inovadores procuram seus superiores para defender seus projetos, na tentativa de receber sinal verde para seguir em frente.

O problema é que essa também é uma proposta arriscada, porque presidentes e diretores de empresas recebem uma enorme pressão do mercado e de acionistas para inovar, mas, por outro lado, também são pressionados por resultados financeiros e retorno aos investidores. Nesse conflito, recebem inúmeros projetos inovadores, muitos deles, claro, de resultados incertos. Por isso, respostas negativas são comuns. Mas mesmo que se consiga um "sim", projetos inovadores costumam gerar "ansiedade", uma certa pressão interna para que os resultados apareçam logo, para que a ideia possa continuar viva e recebendo o apoio necessário.

Baseado nesse cenário, Wedell-Wedellsborg e Miller propuseram, em 2013, que talvez a melhor estratégia seja inovar fora dos olhares ansiosos e dos holofotes da empresa. É o que eles chamaram de Inovação às Escondidas. Por essa ótica de inovação, o idealizador põe em prática seu projeto inovador sem despertar a atenção dentro da organização. Claro que isso pode gerar alguns problemas e riscos. Primeiro, porque o projeto pode ter que começar com recursos financeiros muito escassos, podendo dificultar a decolagem. Segundo, porque corre-se o risco de julgamentos posteriores do tipo: "como é que você iniciou esse projeto sem ter nos consultado antes?".

Mas existem desafios importantes que precisam ser considerados e superados:

- É preciso buscar aliados internos em sua equipe ou mesmo em outras áreas parceiras que possam ajudá-lo a operacionalizar fora das vias oficiais da empresa; estes podem ser um colega do mesmo nível ou mesmo um gerente com perfil mais ousado, que esteja mais próximo de sua realidade e, por isso, possa compreender melhor o projeto, sem preconceitos. Procure pessoas que o conheçam bem e confiem no seu trabalho e na sua capacidade inovadora e realizadora. Lembre-se que esses parceiros iniciais estão "apostando" não na ideia, mas em você.

- É preciso coletar, logo no início, dados concretos da viabilidade do projeto inovador para embasar argumentos sólidos e reais que possam facilitar sua defesa junto aos superiores quando esse momento se tornar necessário. Para isso, documente o máximo que puder e faça testes práticos que resultem em dados concretos.

- É importante buscar algum recurso financeiro, porque certamente você vai precisar. Esse é um dos maiores desafios, já que o projeto ainda está meio "na moita" e, consequentemente, não deve ter uma verba destinada especificamente para ele. Uma das possibilidades é conseguir recursos que tenham sobrado de outro projeto, que possam ser remanejados para o seu. Outras seriam utilizar parte do *budget* de rotina do seu setor ou amenizar as necessidades de recursos, aproveitando equipamentos parados, mão de obra ociosa ou matérias-primas já em estoque. Não se esqueça de que uma das premissas desse modelo de inovação é não chamar a atenção.

- Crie um álibi, algum fato ou justificativa para que você trabalhe no projeto sem despertar a atenção, mas sem também deixar de fazer suas tarefas rotineiras ou participar de outros projetos já em andamento.

Receber atenção cedo demais pode exigir uma série de evidências ou detalhes que muitas vezes um projeto inovador não consegue oferecer no início. Superiores costumam buscar fortes evidências para tomar suas decisões. Sem informações seguras, podem abortar o projeto por medo do insucesso. Outro ponto importante é que, em muitos casos, projetos inovadores não conseguem prever o tempo exato para que cada etapa aconteça. Gestores adoram cobrar metas e resultados dentro de um tempo previsto. Inovação tem uma relação de tempo diferente das atividades tradicionais. Com a Inovação às Escondidas, o projeto ganha uma espécie de fase latente, onde as evidências concretas possam ser levantadas e uma certa tangibilidade possa ser alcançada antes que o cronômetro interno na empresa seja iniciado.

É muito importante salientar que a Inovação às Escondidas deve respeitar sempre os limites éticos e legais. Para isso, converse sempre com seus parceiros, para não correr o risco de estar fora da linha e/ou para que eles o ajudem a definir qual o momento ideal de colocar tudo às claras, revelando oficialmente o projeto.

Finalmente, lembrar que Inovação às Escondidas é uma metodologia que deve ser utilizada em projetos selecionados, pois os riscos podem ser altos. Para ajudar na avaliação de qual ideia deve ser pautada por essa metodologia, pergunte sempre:

- Qual o risco para sua empresa e para sua carreira?
- O seu nível de relacionamento com a cúpula pode aumentar as chances de conseguir um "sim" logo no início?
- Como é a cultura de inovação da sua empresa? Empresas mais inovadoras tendem a dizer mais "sins" a projetos inovadores.

Inovação por Simplicidade

O modelo vigente de competitividade global estimula as empresas a direcionarem seu crescimento baseando-se em uma estrutura complexa, como sinônimo de modernidade e inovação. Tal situação pode acarretar uma série de efeitos colaterais indesejáveis: crescer rápido demais na busca incessante por oportunidades; ter um *mix* de produtos extenso demais; atuar em muitos mercados, muitas vezes desconhecidos e complexos; ter custos excessivos para gerenciar a complexidade do negócio e exigir um controle excessivo de processos. Como consequência, as decisões podem ficar muito lentas. Corre-se o risco de perder o foco, burocratizar os processos ou levar a um aumento do faturamento, porém com lucro reduzido. A proposta da Inovação por Simplicidade está justamente em criar modelos e processos que visam simplificar a gestão, tornando-a mais ágil e desburocratizada, mesmo que isso implique muitas vezes na desaceleração do crescimento para aumentar a eficiência e a rentabilidade. Para isso, deve-se focar em projetos efetivamente viáveis (às vezes se desfazendo de produtos ou áreas de atuação), redesenhando os processos, eliminando etapas e delegando poder para ganhar agilidade na tomada de decisão.

Inovação Colaborativa

Modelo que consiste na valorização da criação colaborativa como principal ferramenta de inovação. Parte do princípio de que pessoas de grupos e culturas diferentes, de outras áreas da empresa, com habilidades múltiplas e complementares, podem inovar em conjunto. A possibilidade de complementaridade de conhecimentos pode ser muito estratégica para o processo inovador. Assim, conhecimentos tácitos, ligados às experiências e habilidades adquiridas pelas pessoas com o passar dos anos, se unem às capacidades técnicas, específicas e explícitas, vindas do conhecimento universal, presente em livros e artigos científicos, para proporcionar um compartilhamento rico e criativo. A transferência desses conhecimentos necessários à inovação não é uma tarefa simples e exige direcionamento estratégico para que se atinja os objetivos esperados. Como resultado, tem-se uma riqueza de *brainstorm*, maior potencial criativo e a possibilidade de novos e diferentes *insights* diante do problema a ser resolvido. Isso possibilita uma percepção mais abrangente do cliente através de múltiplos ângulos, buscando convergir diferentes pontos de vista para um objetivo comum. Com essa maior riqueza de análises, há uma soma de esforços na condução do processo até o protótipo final.

Crowd Innovation

Crowd Innovation, que em tradução livre significa "inovação com as multidões", é uma tendência que vem crescendo de forma expressiva em todo o mundo. O princípio dessa metodologia está em utilizar uma legião de milhares ou milhões de pessoas como parceiras estratégicas em projetos de inovação.

Há certamente uma associação dessa forma de inovar com a *Inovação Aberta* e a *Inovação Colaborativa* (descritas anteriormente) e podemos dizer que a *Crowd Innovation* seria uma variante dessas outras duas metodologias. Assim, as vantagens, desvantagens, riscos e obstáculos são semelhantes. Uma cautela dos gestores é absolutamente justificável, principalmente para empresas pouco habituadas a inovar de forma aberta. Afinal, como proteger a propriedade intelectual da ideia inovadora? Como integrar um produto, processo ou solução produzida pela multidão às operações da empresa? Como controlar os custos inerentes a esse processo? E como garantir que a solução proposta é a melhor para a totalidade de seus clientes ou mercado?

Entretanto, inovar com a multidão tem lá suas vantagens e é uma oportunidade que precisa ser considerada pelas empresas. As pessoas externas à organização são mais livres, não recebem influências tendenciosas da estratégia da empresa ou mesmo de vieses de análises de projetos ou de mercado. Além disso, são movidas por interesses que diferem dos da equipe interna, têm experiências e vivências também distintas, e que muito provavelmente serão úteis para o processo de inovação. É bom lembrar que muitas vezes os parceiros externos são também clientes da empresa, o que facilita sobremaneira a inovação sob a ótica e perspectiva do cliente.

Boudreau e Lakhani estudaram inúmeras experiências de *"crowdsourcing"* e publicaram na revista *Harvard Business Review*, em 2013, algumas dicas de quais empresas e situações se beneficiariam mais do *Crowd Innovation*. Baseado neste estudo, descrevo a seguir algumas dessas situações:

- determinados problemas técnicos ou científicos são extremamente complexos de solução e impõem grandes desafios. Nesses casos, buscar soluções mediante experimentação independente e ampliada em grande escala, somando e combinando competências, pode ser muito útil para encontrar a solução buscada;

- usar comunidades colaborativas para agregar uma grande e diversificada quantidade de conhecimentos pode ser interessante, principalmente quando o conteúdo for ser utilizado por uma gama enorme de pessoas, com diferentes interesses, que produzem contribuições cruciais para o desenvolvimento e o resultado final. Dois dos bons exemplos dessa utilidade são a enciclopédia Wikipédia, onde milhares de usuários são de fato parceiros e ajudam a construir o conteúdo da plataforma, e a Apple, que delega à sua massa de seguidores fiéis a função de desenvolver os inúmeros aplicativos e soluções para seus clientes.

Inovar com as multidões pode ser também pensada quando se tem um produto principal ou um projeto passível de aperfeiçoamento. Abrir espaço para que seus clientes possam testá-lo e sugerir melhorias aproxima o produto e a empresa do seu consumidor final e aumenta a chance de sucesso, porque o mesmo está sendo melhorado sob a ótica do cliente.

Inovação por Acaso

A proposta desse modelo, ainda inédito na literatura e descrito pela primeira vez neste livro, refere-se ao processo de inovação que surge quando a empresa está desenvolvendo uma ideia inovadora, direcionada para um determinado objetivo ou para solucionar um problema identificado previamente, e descobre novas utilidades ou aplicações que não estavam inicialmente "previstas".

Acaso vem do latim *a casu*, que quer dizer *sem causa*. Significa alguma coisa que acontece sem causa aparente, sem explicação ou motivo. Pode ser entendido ainda como algo que acontece sem ter necessariamente uma relação ou consequência com algo já acontecido no passado. Por isso, não se explica e não se relaciona com nenhum fator pré ou pós-fato. Lidar com o acaso não é tarefa fácil. Normalmente, ele dá margens a inúmeras interpretações dos fatos, abre espaço para críticas, confusões, opiniões parciais, ideias místicas ou mesmo divinas e diversidades de hipóteses com e sem fundamentação. O acaso está associado a uma espécie de desordem, baseado no fato de que variáveis aleatórias estão sujeitas a fatores incontroláveis e podem inteferir a qualquer momento no fato em questão. Ele está fortemente relacionado com probabilidade, também vinda do latim *probare*, que equivale a *provar* ou *testar*. Muitas vezes, nos referimos a eventos incertos como prováveis, mas também pode haver relação com "sorte", "risco", "azar", "incerteza" ou "dúvida". Toda ciência que envolve a Lei das Probabilidades está relacionada com a necessidade que temos de prever a possibilidade de ocorrência de determinados fatos. Em seu livro *A Lógica do Cisne Negro*, Nassim Taleb procura abordar a possibilidade do acaso (usando a metáfora do cisne negro) como um acontecimento improvável, mas que, após a sua ocorrência, gera um sentimento de previsibilidade nas pessoas, como se esperasse que aquele evento ocorresse novamente, da mesma forma e sob as mesmas condições. Ora, baseado na Lei das Probabilidades, é impossível tentar antecipar e prever o futuro. O importante é sempre estarmos cientes e preparados para aceitar que mais cedo ou mais tarde o inesperado, o imprevisível ou o improvável acontecerão. Essa é a base para a Teoria da *Inovação por Acaso*.

Durante o desenvolvimento do processo de inovação, é comum que os resultados alcançados estejam aquém do esperado, fora do que foi anteriormente previsto. A postura muitas vezes é desistir, deixar tudo para trás, abortar o projeto antes que ele consuma mais energia e recursos da empresa. Entretanto, nem tudo pode estar perdido. Durante a "viagem inovadora", surpresas podem surgir. Efeitos não previstos, utilidades não planejadas, reações adversas podem se tornar novos *insights*, novas utilidades, novas aplicações, completamente inesperadas, mas que podem se tornar a grande e verdadeira ideia inovadora. As novas aplicabilidades muitas vezes são superiores e/ou trazem muito mais retorno para a empresa do que o projeto original. *Inovação por Acaso* é quando o "acidente aleatório" se transforma na "grande explosão".

Mas para que a *Inovação por Acaso* aconteça, é fundamental que seja conhecida por todos, para que estejam abertos e antenados para perceber mínimos sinais indicativos de que algo possa estar surgindo "por acaso". É bem conhecida a frase: "só encontramos o que procuramos; e só procuramos o que conhecemos". Claro que, nesse caso, muitas vezes não temos o conhecimento exato do que estamos procurando (afinal, estamos falando de inovação), mas pelo menos estamos cientes de que algo inesperado pode acontecer e que precisamos dar os créditos devidos para que grandes oportunidades não sejam perdidas ou descartadas. É importante salientar que a *Inovação por Acaso* pode ocorrer em qualquer área da empresa, em qualquer tipo de projeto inovador, seja em produtos e serviços, seja em modelos de negócio, marketing, pessoas, processos etc.

Pergunte sempre:

- O que está dando errado e por quê?
- Será que a ideia foi mal concebida ou está em dissonância com o desejo do cliente?
- Existe algum fato ou conhecimento que foi negligenciado ou mal investigado?
- Utilizaram-se, de fato, os melhores recursos e as melhores tecnologias?
- As pesquisas (em relação ao produto ou ao mercado) estão metodologicamente corretas?
- Será que o resultado adverso pode ser útil em outra situação, para outra aplicabilidade, para outro segmento de mercado ou cliente?
- O que o cliente está querendo dizer quando rejeita uma ideia?

Alguns princípios devem ser observados para que a *Inovação por Acaso* aconteça:

- esteja atento a todo e qualquer sinal de divergência ou não conformidade durante o processo de inovação;
- para isso, prepare os colaboradores envolvidos para a possibilidade "do acaso";
- ouça o cliente sempre. Ele pode estar dizendo a você que a ideia não é bem o que ele queria e, provavelmente, dando sinais de como ele gostaria que fosse de verdade;
- utilize os melhores recursos disponíveis, tanto humanos quanto tecnológicos, para que a análise posterior "do acaso" seja a mais fiel possível.

Benchmarketing Innovation

Muitos autores afirmam que a maioria das ideias são, na verdade, uma variação, alternativa, uma nova forma de interpretar fatos já existentes, sob novas visões. Tomando essa afirmativa como verdade, é provável que os problemas a serem resolvidos sejam muitas vezes comuns e vividos por muitas empresas, mesmo que de setores diferentes e sob formatos também distintos. O inovador habilidoso e observador deve identificar o "trabalho a ser feito" sob um ângulo de análise superior, entendendo que a origem, a essência das necessidades, podem ser a mesma. Baseado nesse princípio, proponho de maneira inédita na literatura o termo *Benchmarketing Innovation*. A metodologia refere-se ao processo de inovação que se origina da troca de experiências (serviços, processos, modelos de negócio) entre empresas de setores completamente diferentes, mas que vivem semelhantes problemas e dificuldades a serem solucionados. O princípio básico do método é identificar primeiramente o problema de sua empresa que necessita de solução. A partir daí, procurar no mercado que outras empresas, mesmo que de segmentos absolutamente distintos, têm problemas semelhantes. O próximo passo é analisar como essas empresas resolveram seus problemas, que iniciativa inovadora foi adotada e quais foram os resultados. Em seguida, a tarefa está em adaptar a solução encontrada pela empresa inspiradora, aquela da qual a experiência vivida será transferida para a sua empresa. Finalmente, o processo inovador é proposto como solução para o seu problema, levando sempre em consideração as nuances locais, culturais, operacionais e mercadológicas próprias.

A metodologia do *Benchmarketing Innovation*

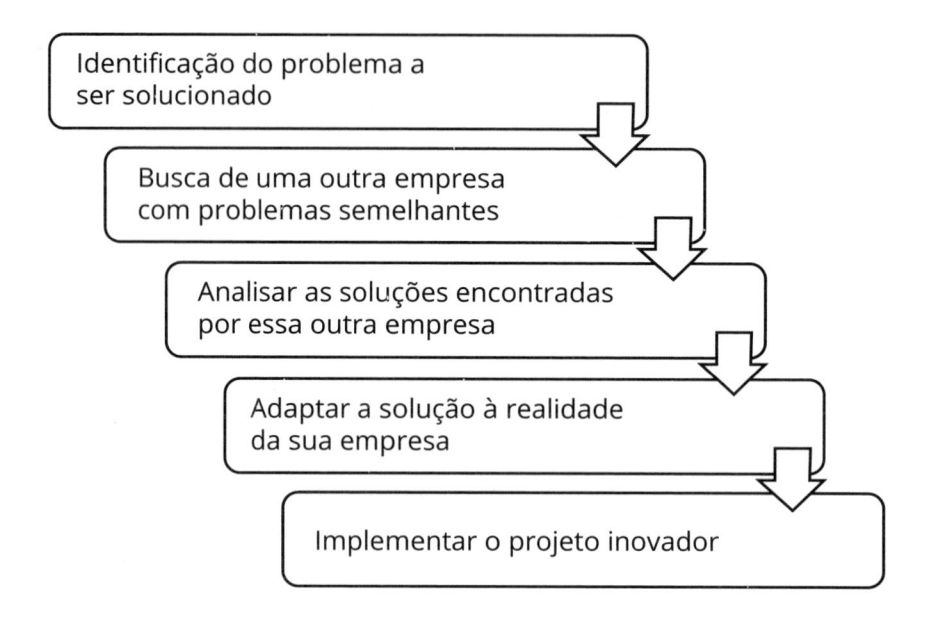

- Identificação do problema a ser solucionado
- Busca de uma outra empresa com problemas semelhantes
- Analisar as soluções encontradas por essa outra empresa
- Adaptar a solução à realidade da sua empresa
- Implementar o projeto inovador

Para aplicar corretamente a metodologia do *Benchmarketing Innovation* é importante estar sempre atento às necessidades dos consumidores e às soluções voltadas especificamente para eles. Lembre-se: o cliente é o mesmo, se manifestando sob as mesmas influências e comportamentos, independentemente do setor em que está se relacionando. Os desejos normalmente são os mesmos, em diferentes expressões e momentos.

O *Benchmarketing Innovation* é uma metodologia que ajuda o gestor na forma de pensar e vislumbrar soluções já existentes em outros mercados ou segmentos. A parti daí, basta ter percepção, criatividade e capacidade de adaptação do processo.

O setor de serviços é particularmente ideal para a aplicação do *Benchmarketing Innovation*. Para isso, observe constantemente como outras empresas proporcionam benefícios a seus clientes e como traduzem necessidades em ações.

Estudo de caso: Lanchonetes *fast-food* e a solução *drive-thru*

Empresas como o McDonald's já utilizam o processo de compra e entrega de produtos para clientes dentro do próprio automóvel, o conhecido sistema *drive-thru*. Como aplicar o conceito do *Benchmarketing Innovation*? Tudo começa com a identificação do problema: tenho clientes que buscam agilidade, comodidade e que desejam poupar tempo, por qualquer que seja a razão? Observe que esse perfil de clientes é cada vez mais comum na sociedade, na medida em que o tempo passou a ser um valor cada vez mais apreciado. Imagine que você é um gestor de um laboratório de análises clínicas e que identificou um desejo semelhante e a mesma característica comportamental em seus clientes. Logo, você precisa de uma solução capaz de facilitar a vida das pessoas, poupando tempo. Assim, os Laboratórios Fleury implementaram o *drive-thru*, no qual os clientes podem realizar uma série de serviços, como pegar resultados de exames ou entregar alguns tipos de materiais, por esse processo. Você pode estar pensando: mas o sistema *drive-thru* não é nada novo, por isso não deveria ser considerado uma inovação. Lembro a você mais uma vez o conceito, ou seja, a inovação não tem o compromisso de criar algo absoutamente do zero, totalmente inédito. O processo *drive-thru*, em nosso exemplo, foi novo para o setor de análises clínicas e trouxe ótimos resultados operacionais.

Estudo de caso: O que empresas aéreas, bancos e locadoras de automóveis têm em comum?

Para exercitar o conceito do *Benchmarketing Innovation* mais uma vez, proponho a seguinte pergunta: o que empresas aéreas, bancos e locadoras de automóveis têm em comum? Que problemas operacionais são enfrentados por esses setores? O que seus clientes mais gostariam de solucionar?

Vamos então começar nossa análise: clientes do setor de serviços, em geral, sempre sofrem com o processo do atendimento, seja pela complexidade do processo de atendimento em si, pelos longos períodos de tempo em espera ou pela variabilidade de qualidade e cortesia existente entre os funcionários (que muitas vezes têm dificuldade em nos tratar bem). Pois bem, os clientes buscam então uma forma mais rápida, ágil, prática e fácil de ter acesso ao serviço, sem se aborrecer com longas filas. Nesse caso, a tecnologia foi a ferramenta encontrada pelas empresas desses três setores distintos para oferecer a solução que seus clientes tanto esperavam. Qual é o centro da resolução do problema? Introduzir a interface tecnológica entre cliente e empresa. Quem diria! Imagine que uma empresa colocou uma máquina, completamente sem sentimento, entre ela e o cliente. E o que é pior: o consumidor gostou!

Passamos a fazer *check-in* para embarque por *totens* de atendimento, também pelo computador e agora até pelos *smartphones*. Não é incrível? Rápido, prático e sem a ajuda de nenhum funcionário mal-humorado. Podemos também operar nossa conta bancária, fazendo quase todas as operações financeiras sozinhos, sem termos que ir nas "deliciosas e confortáveis" agências bancárias... Até alugar um carro ficou mais fácil com o uso da tecnologia.

Observem como todos ganham: clientes mais satisfeitos, empresas aumentando sua base de clientes sem a necessidade de expandir uma onerosa estrutura física e também funcionários de atendimento. Assim é a inovação: problemas semelhantes a serem resolvidos, soluções implementadas.

Referências

ALTSHULLER G. S. *Creativity as an Exact Science*: The Theory of the Solution of Inventive Problems. Gordon and Breach: New York, 1984.

BOUDREAU, Kevin J.; LAKHANI, Karim R. Using the crowd as an innovation partner. *Harvard Business Review*, 91, April 2013.

BOWER, Joseph L.; CHRISTENSEN, Clayton M. Disruptive technologies: catching the wave. *Harvard Business Review*, January/February 1995.

CHESBROUGH, Henry. *Open innovation*: the new imperative for creating and profiting from technology. Boston: Paperback, 2005.

CLAYTON, Christensen. *The innovator's dilemma*: when new technologies cause great firms to fail. Boston: Harvard University Press, 1997.

DE CARVALHO, M. A.; BACK, N. Uso dos conceitos fundamentais da triz e do método dos princípios inventivos no desenvolvimento de produtos. *Anais do III CBGDP*, Florianópolis, 2001.

GIBBERT, Michael; HOEGL, Martin. In praise of dissimilarity. *MIT Sloan Management Review*, June 2011.

GOVINDARAJAN, Vijay; TRIMBLE, Chris. *Reverse innovation*: create far from home, win everywhere. Boston: Harvard University Press, 2012.

KALLEB, N. N. *A Lógica do Cisne Negro*. Editora Best Seller, 2008.

MARKIDES, Constantinos C. How disruptive will innovations from emerging markets be? *MIT Sloan Management Review*, v. 54, Fall 2012.

NÓBREGA, Clemente; DE LIMA, Adriano R. *Innovatrix*: inovação não é para gênios. Agir, 2010.

PRAHALAD, C. K. *A Riqueza na base da Pirâmide*. 2. ed. Bookman, 2009.

WEDELL-WEDELLSBORG, Thomas; MILLER, Paddy. The case for stealth innovation. *Harvard Business Review*, 2013.

MEDOS, BARREIRAS E PARADIGMAS

7

Perdendo o medo da Inovação

Muitas empresas ainda resistem em adotar essa nova postura corporativa por um grande motivo: medo. Medo do desconhecido, de implementar mudanças que possam prejudicar os resultados, medo de se envolver pessoalmente em algo que possa dar errado.

Mas por que então a inovação é tão difícil de acontecer em uma organização? (1) Porque as empresas estão sempre à espera de uma grande ideia, capaz de mudar o mundo e elevar a empresa à condição de líder. Na grande maioria dos casos, as empresas se prendem a essa "grande ideia", perseguindo-a por longo tempo e esquecendo que a maioria das inovações são incrementais, cotidianas e acontecem no dia a dia. (2) Porque mantém o foco no processo, na análise de dados e números, no desenvolvimento de projetos complexos, deixando a criatividade de lado. Mantendo a visão no processo, perdem-se as oportunidades de enxergar e entender o todo, de se fazer uma avaliação mais ampla, de se considerar fatores externos ou incontroláveis. (3) Há uma ênfase excessiva no impacto do crescimento, e os gestores se tornam reféns dessa estratégia. Com isso, deixam de arriscar e investir em projetos inovadores de longo prazo, pois buscam resultados mais imediatos. Aqui, em especial, a cultura dos acionistas interefere sobremaneira.

Diante disso, desmistificar a inovação é fundamental. Antes de quebrar os paradigmas, é necessário conhecê-los:

"Inovação é coisa de empresa grande, multinacional"

É claro que uma empresa maior, mais estruturada e com mais recursos financeiros para investimentos tem grandes chances de se tornar protagonista da inovação no mundo. Entretanto, as pequenas e médias empresas também podem fazer parte desse universo. Aliás, as parcerias entre empresas grandes e pequenas (via Inovação Aberta ou Inovação Colaborativa), no desenvolvimento em conjunto de produtos e serviços inovadores, é cada vez mais comum. As pequenas, tendo foco e *expertise* em determinada área do conhecimento, criam a ideia e o protótipo. As grandes, por sua vez, por serem mais estruturadas, viabilizam a produção e comercialização. Dessa forma, todos saem ganhando.

"Inovação requer grande volume de recursos financeiros"

Essa premissa é muito variável. Nem sempre bons projetos necessitam necessariamente de altos investimentos. Dependendo do objetivo e do público-alvo, os recursos serão mínimos. Além disso, atualmente existe uma enorme gama de fontes financiadoras, tanto públicas quanto privadas, que facilitam e viabilizam boas ideias.

"Preciso de uma equipe altamente especializada"

Esse é um meio paradigma, quer dizer, há uma relação real entre qualidade e talento da equipe e maior capacidade de inovar. O contraponto é que pessoas talentosas e bem formadas são necessárias a qualquer empresa e estão relacionadas ao resultado final como um todo, não só no que se refere à inovação.

"Preciso utilizar alta tecnologia"

Esse é um dos maiores mitos, pois até hoje muitos pensam que a inovação está ligada fortemente a tecnologia, máquinas e equipamentos modernos, *softwares* e informática. É preciso ampliar o conceito de tecnologia para a tecnologia da informação ou do conhecimento, por exemplo. Assim, certamente, um certo grau de tecnologia talvez seja importante, mas não vital.

"Boas ideias devem vir de cima"

As pessoas costumam ver com suspeita as ideias que vêm de baixo. Primeiro porque são novas, e depois porque vêm de um nível, na escala hierárquica das empresas, rotulado como operacional. Ora, boas ideias devem e podem vir de qualquer lugar, de qualquer setor da empresa, independente de cargo ou função.

"Problemas são sinal de fracasso"

Normalmente, há grande dificuldade de reconhecer um problema como algo positivo, a ser desafiado e resolvido. Problemas geralmente significam fracasso, algo que foi mal feito ou não saiu conforme o planejado. Pelo contrário, problemas podem ser uma grande oportunidade de aperfeiçoamento e melhoria, porque estimulam uma reflexão mais profunda e detalhada.

"Inovação requer um controle rígido"

Pelo contrário, controlar demais, padronizar tudo, ser inflexível em demasia, pode tolhir o ímpeto inovador. Claro que não estamos aqui pregando a liberdade total, mas sim que dar uma certa margem para manobra e experimentação pode ser interessante para testar protótipos inovadores.

"Informações devem ser restritas aos colaboradores estratégicos"

Esse é um dos grandes paradigmas nas empresas, pois acredita-se que as informações são valiosas e, como tal, precisam ser guardadas em "cofres", a "7 chaves". Nos Capítulos 9 e 10, vamos discutir a importância de se democratizar a informação e o conhecimento, mostrando o quanto isso pode fomentar a inovação.

É hora de quebrar paradigmas e preconceitos em relação à Inovação

Uma das premissas básicas da inovação é a quebra de paradigmas, entender que o convencional e o tradicional existem para serem questionados. O que parece óbvio e claro pode se tornar obsoleto em um piscar de olhos. Para quebrar paradigmas, é necessária uma mudança na forma de pensar e agir. Para isso, sugiro:

1. **Comece quebrando desde o início sua própria visão do que é inovação.** Não fique esperando uma ideia genial, magnífica, única. Tampouco espere ineditismo em tudo. Para ser inovadora, a ideia não precisa "nunca ter sido feita por ninguém". É novo, promoveu melhorias em sua organização e trouxe resultados? É inovação.

2. **Desafie sua zona de conforto.** É absolutamente humano ter um comportamento mais conservador diante das mais diversas situações enfrentadas e focar-se naquilo que é previsto, que já conhecemos, que nos dá segurança. Entretanto, essa característica biológica nos impede muitas vezes de adotar posições mais agressivas e competitivas. Sair da zona de conforto significa mobilizar hormônios no organismo que nos deixam inseguros, nos incomodam com sensações de angústia e medo. Mas é preciso e possível condicionar nossa mente para desafiar esse estado de

preservação, para buscar uma forma de pensar e agir mais arrojada. Vá experimentando isso aos poucos, um desafio aqui, uma forma diferente de pensar acolá e assim por diante. É como um precondicionamento feito pouco a pouco, até você se fortalecer e poder se desafiar de forma mais consistente.

3. **Lute contra seus preconceitos.** Eles são a base e o parâmetro utilizados pelo cérebro para montar suas reações. Baseado nos conceitos previamente adquiridos e na forma como os consolidamos em nossa mente é que analisamos uma determinada situação e definimos se ela é convencional ou não. Geralmente, quanto mais unificado e linear é o conceito, mais chance existe de ele se tornar um preconceito. Digo isso porque devemos sempre alimentar um determinado conceito do máximo de informações e conhecimento necessários para analisá-lo e criticá-lo sob as mais diferentes formas e ângulos. Assim, criamos uma rede complexa de ligações cerebrais em cima de um determinado tema, permitindo que pensamentos vindos das mais diferentes regiões corticais possam interagir, ora julgando sob um ponto de vista, ora permitindo uma visão mais ampla. Quanto mais enraizamos conceitos desprovidos de análises, mais nos tornamos céticos em aceitar o novo. Por isso, exercite a capacidade crítica desde o início da aquisição do conhecimento. A riqueza das discussões e debates está justamente em condicionar o cérebro a perceber outros sinais, vindos de novos estímulos, sem deixar que ele trave ou impeça que essas novas ondas de ideias possam oxigenar o conceito original.

4. **Tente dar um viés positivo.** Existem pessoas que insistem em focar o negativo, o pior cenário, acreditando que não vai dar certo. Vamos inverter isso e pensar de forma positiva, construtiva, mentalizando as vantagens, benefícios e resultados que um projeto inovador pode proporcionar. Claro que não estou propondo esquecer o risco ou minimizar os cuidados necessários, e sim mentalizar e deixar a energia positiva fluir.

5. **Inverta a forma de buscar solução para os problemas.** Fomos criados por muitos anos a buscar soluções de problemas baseados em fatos reais, em dados mensuráveis e argumentos compro-

vados. A proposta é inverter essa linha de pensamento e buscar resolver conflitos sob a ótica criativa, com foco no cliente, sem necessidade de comprovação ou evidências anteriores.

Inovar não é coisa de gênio

Normalmente acredita-se que a inovação é para cientistas ou estudiosos do mundo acadêmico, que dominam vários idiomas, ou então para jovens talentosos meio "loucos", com ideias fantásticas. Outros podem acreditar que ela é restrita aos pesquisadores dos departamentos de pesquisa e desenvolvimento das empresas. Aqui pode estar uma boa notícia para você que está lendo este livro: você pode ser, sim, um inovador. As habilidades necessárias para isso estão aí, dentro de você, dentro de qualquer ser humano com desenvolvimento cognitivo e intelectual normal e um mínimo de educação. Além disso, pode e deve envolver colaboradores dos mais diversos segmentos da organização. Aliás, em muitos casos, a inovação não vem nem mesmo de dentro da empresa, mas sim de clientes e outros parceiros (outras empresas, universidades, centros de pesquisas autônomos) que podem contribuir com o processo da criação e com o aperfeiçoamento e operacionalização de novas ideias (ver, no Capítulo 6, a seção Inovação Aberta).

Entretanto, para que essa fantástica habilidade possa aflorar e se expressar de fato, é necessário preparo e estudos sobre o tema, para que a metodologia seja desenvolvida e implementada. Vença os bloqueios e entenda que a inovação pode ser idealizada nos mais diversos setores, de diferentes empresas, em qualquer cultura ou país, protagonizada por qualquer pessoa. Neste livro, você aprenderá importantes conceitos que certamente farão de você uma pessoa mais bem preparada para ser um inovador de sucesso.

Não pense que você precisa ser gênio e que a inovação vai surgir como um ímpeto de genialidade. As ideias podem surgir nos mais diferentes momentos de sua vida. A inspiração será influenciada por diversos fatores internos e pessoais, mas também externos, relacionados ao seu ambiente de vida ou trabalho. Algumas teorias educacionais e comportamentais recentes nos ajudam a entender um pouco como essas ideias surgem.

Uma delas é a chamada Inteligências Múltiplas, desenvolvida pelo Professor Gardner, da Universidade de Harvard, que preconiza que o talento e a inteligência do ser humano é proveniente de um conjunto de nove inteligências que atuam de forma integrada e sinérgica. Essas habilidades são:

1. **Lógico-matemática**, que é a capacidade de confrontar e avaliar objetos e abstrações e a habilidade para raciocínio lógico para solucionar problemas matemáticos;
2. **Linguística**, que relaciona-se ao domínio de idiomas;
3. **Musical**, que é a habilidade para compor e executar música, incluindo ritmo, afinação, timbre de voz;
4. **Espacial**, relacionada à compreensão do mundo visual e à percepção de espaço, como nos arquitetos;
5. **Corporal-cinestésica**, que envolve competências relacionadas ao corpo, como na dança e nos esportes;
6. **Intrapessoal**, que se expressa na capacidade de se autoconhecer e se autocontrolar;
7. **Interpessoal**, voltada para o relacionamento com outras pessoas, comum em políticos e professores.

Mais recentemente, foram adicionadas:

8. **Naturalista**, que é a capacidade de entender e valorizar os aspectos da natureza; e
9. **Existencial**, ligada às questões religiosas e filosóficas voltadas para a vida humana e sua existência.

Outra teoria bem interessante é a do Ócio Criativo, preconizada por Domenico di Masi. Segundo o autor, o ser humano necessita ter momentos de ócio, de tranquilidade, ter o cérebro livre e desimpedido para pensar e criar. Indivíduos muito concentrados em atividades intensas de trabalho, que ocupam sua mente com atividades práticas e operacionais, sem intervalos, diminuem sua capacidade criativa. Estudos de neurociências já demonstraram que quando o cérebro está com grande demanda específica e concentrada em uma determinada área, demanda grande quantidade de neurônios, com alta utilização de energia. De tão intensas, essas áreas inibiriam a entrada de correntes nervosas vindas de outras áreas do cérebro e que poderiam ser extremamente importantes para o processo criativo, a capacidade analítica e o julgamento crítico. Por isso, é preciso "desligar" essas áreas cerebrais e promover o equilíbrio de forças e correntes provenientes de múltiplas regiões do cérebro, carreando estímulos com o mais diversificado grau de conteúdo intelectual. Isso explica por que muitos profissionais que necessitam de inspiração e criação com maior frequência adotam hábitos tido como "estranhos", como parar de repente o que está se fazendo para dar um passeio na praia ou assistir a um filme. Quando a mente trava, o melhor a fazer é relaxar o cérebro e estimular outras áreas intelectuais, buscando outras atividades. Apesar dessas teorias, inovação é muito menos inspiração e muito mais metodologia, dedicação e trabalho. A maioria dos esforços de inovação não falha por falta de ideias brilhantes, mas pela falta de pensamento e cuidado com o *follow-up*. Mas, certamente, uma força criativa será muito relevante.

Barreiras e riscos à Inovação

Inovações também apresentam riscos, e estes são inerentes ao processo. Não há inovação sem riscos. Aliás, a maior ou menor propensão a ele será o diferencial. Infelizmente, é praticamente impossível prever que um projeto inovador atingirá o sucesso garantido. Assim, podemos afirmar que o maior risco da inovação é o insucesso. Mesmo baseada em informações consistentes sobre o mercado e o cliente, com todas as variáveis controladas e todo o cuidado no desenvolvimento do projeto e uma implementação impecável, uma inovação corre o risco de fracassar. O risco do insucesso envolve uma série de fatores que podem comprometer, parcial ou definitivamente, as iniciativas inovadoras nas empresas, principalmente as radicais e de ruptura. O insucesso diminui a motivação da equipe e pode comprometer a cultura da organização; provoca perdas financeiras, o que, dependendo da magnitude, pode comprometer a viabilidade do negócio; pode afetar a imagem da empresa ou da marca; pode comprometer o retorno ao acionista; gera conflitos internos entre os colaboradores. Diante do exposto, algumas situações de risco devem ser consideradas durante a "viagem inovadora":

1. **Não entender adequadamente o uso e o usuário**: a inovação pode correr o risco de não atender as necessidades dos clientes, conforme previsto anteriormente. Para obter sucesso, é funda-

mental conhecer bem quem é cliente e o que será necessário para oferecer a solução para o problema dele.

2. **O resultado final é um produto e não uma solução ao cliente**: é vital que líderes inovadores estejam totalmente focados na solução de problemas e não somente nos aspectos técnicos de produtos, serviços, processos ou modelos de negócio. O risco será chegar ao final da jornada inovadora com um belo produto que não resolve o problema das pessoas. Lembre-se: uma ideia só será considerada inovadora se for capaz de gerar resultados para clientes, acionistas e também para a sociedade.

3. **Discordância entre a ideia e o produto final**: isso ocorre quando erros acontecem durante a fase de desenvolvimento do projeto inovador, que, ao ser concluído, encontra-se desalinhado da ideia original. Possivelmente houve erros de interpretação, execução, adaptação, produção ou implementação, que resultaram em algo diferente do que estava previsto.

4. **Mudança no comportamento do cliente**: algumas ideias inovadoras e maravilhosas necessitam de tempo para serem desenvolvidas e resultarem em um produto final. A empresa poderá correr sérios riscos de insucesso caso esse tempo seja longo demais, pois nesse período o cliente pode mudar de comportamento, desejo, hábitos ou costumes, fazendo que a inovação chegue ao mercado tarde demais, perdendo o momento ideal.

5. **Inovação precoce e fora do tempo do cliente**: outro risco que pode ocorrer é a ideia ser extremamente inovadora, mas ainda estar aquém do mercado ou da percepção de valor do cliente. O fato de uma inovação surgir não significa que a empresa deva colocá-la em prática imediatamente. É preciso analisar e estudar o mercado, avaliando se o momento é adequado e ideal, procurando entender se o mercado e o cliente estão preparados para perceber valor ou se ainda se faz necessário um "tempo de amadurecimento". O lançamento precoce de uma inovação pode trazer riscos ao sucesso ou ainda abrir espaço para a concorrência que, ao tomar conhecimento da ideia inovadora, pode desenvolvê-la e aperfeiçoá-la futuramente, obtendo retorno maior do que a empresa que originalmente lançou a ideia.

6. **Sub-dimensionamento dos recursos necessários**: outro risco importante ocorre quando a empresa comete erros no planejamento dos recursos necessários à conclusão do projeto. Fatores como limitações financeiras, falta de mão de obra qualificada e tecnologia podem comprometer o resultado final.

7. **Subestimar as limitações da inovação**: empreendedores e empresas inovadoras habitualmente motivados e envolvidos com o projeto de inovação podem não dar a importância devida a algumas limitações que porventura possam existir. Limitações operacionais, de utilização, educacionais ou de legislação são alguns exemplos que podem levar uma boa ideia ao fracasso.

8. **Interromper o processo antes da conclusão final**: esse é um risco relativamente frequente, pois muitos gestores tomam a decisão de parar antes de obter os resultados esperados. Inúmeras razões podem levar à interrupção precoce do processo de inovação: mudanças na hierarquia ou no corpo de colaboradores, pressão excessiva por parte da diretoria e/ou de acionistas, medo repentino do fracasso, mudanças nos diversos cenários, envolvimento da empresa em processos de fusão e aquisição, análise equivocada e precoce de resultados preliminares, ansiedade da equipe em obter resultados antes do período de maturação da inovação.

As dificuldades a serem enfrentadas quando se fala em Inovação

Infelizmente, quando o assunto é inovação, muitas barreiras e dificuldades são impostas, porque encarar o novo gera insegurança, medo do desconhecido, incerteza em relação ao futuro. Isso pode ocasionar uma série de situações que precisam ser reconhecidas e enfrentadas por empresas e indivíduos. Por outro lado, algumas dificuldades serão apresentadas pelo próprio mercado, por suas limitações e características. Assim, poderíamos dividir as barreiras em dois grandes grupos: internas, voltadas para a pessoa, e externas, vindas do mercado.

As barreiras internas estão relacionadas às limitações da personalidade e da formação técnica e educacional dos indivíduos e às barreiras criadas pela própria empresa. Existe hoje uma grande carência de recursos humanos competentes e com perfil para se envolver em processos da inovação. Primeiro, porque há lacunas na formação da personalidade, pois indivíduos inseguros que não enfrentaram desafios desde pequenos, que não foram incentivados a criar e que não tiveram suas habilidades estimuladas, se tornam reféns das ordens e regras vigentes. Por outro lado, desde a infância e do ensino fundamental, os jovens são educados com uma metodologia que privilegia o convencional, o "fazer o mesmo, da mesma forma em que sempre foi feito", para não correr riscos. Essas características somadas levam a um profissional avesso ao novo e ao que é diferente.

Em relação às dificuldades relacionadas ao ambiente interno das empresas, vale ressaltar: (1) as tecnológicas, pela falta ou não domínio da tecnologia existente, causada ou pelo elevado custo em obtê-la ou desenvolvê-la internamente; (2) a falta de recursos suficientes para desenvolver ou manter um projeto inovador. Essas dificuldades são reais, pois muitas vezes há grande dificuldade de mensurar ou prever a quantidade de recursos necessários, já que a característica de ser inovadora pode dificultar a obtenção de números exatos; (3) as culturais, que sustentam sobremaneira os diversos paradigmas internos e criam entraves em processos e decisões; e por fim, (4) as barreiras corporativas, ligadas ao ambiente corporativo, à competição interna por poder e às tomadas de decisão de gestores avessos a riscos.

No que tange às barreiras internas, vale frisar o quanto a complexidade organizacional pode ser um impecílio à inovação. Empresas cujos processos são complexos, extensos, burocráticos, cheios de amarras, podem dificultar o andamento de novas ideias. Não só o processo operacional em si, mas também como novas ideias transitam dentro da organização. Outra questão está relacionada a um número excessivo de projetos no setor de pesquisa e desenvolvimento. Isso pode gerar uma perda de foco, uma diluição de recursos financeiros e, principalmente, a dissipação da energia dos envolvidos. Lembrem-se que o alto comando nunca irá apoiar todos os projetos, mas dará prioridade àqueles potencialmente mais promissores. Por fim, processos complexos e lentos, somados à perda de foco, podem configurar um cenário perigoso e afugentar seus talentos.

As barreiras externas são aquelas provenientes do mercado. A barreira tecnológica, antes descrita como interna, também pode ser considerada externa quando inexistir tecnologia disponível no mercado para desenvolver a ideia inovadora. Uma das mais clássicas dificuldades é aquela relacionada à legislação. Uma mudança na lei ou uma desregularização de um determinado setor pode gerar ameaças ou oportunidades, dependendo do ponto de vista. Leis trabalhistas, lei da terceirização, burocracia e exigências de orgãos e agências reguladoras são alguns exemplos. Por fim, a barreira cultural também pode ser externa quando relacionada ao mercado e ao cliente. Existem sociedades que são consideradas mais conservadoras e mais resistentes às mudanças. No Brasil, muitos consideram, por exemplo, que o mercado mineiro tem características próprias, onde o consumidor é mais clássico, mais resistente a novos produtos e modelos, demorando mais para aceitar as novidades do mercado. Em compensação, são mais fiéis e menos susceptíveis ao ataque de novos entrantes.

Com a colaboração de
Maurício Britto Magalhães

Quer ser uma empresa inovadora? Então pare de inovar em produto e passe a inovar para o cliente

Um dos maiores paradigmas nas empresas está relacionado ao foco da inovação. Há muito tempo que a inovação vem sendo pensada dentro dos laboratórios das empresas, onde dezenas ou centenas de pesquisadores e cientistas se desdobram para criar protótipos de produtos que possam se tornar sucesso no mercado. Para isso, procuram desenvolver novas teorias, projetos inéditos, sistemas de funcionamento que permitam economia de tempo, esforços, recursos, matéria-prima, mão de obra. Certamente, a inovação de produtos e serviços é fundamental em qualquer organização que visa o futuro. Mas a questão a ser discutida aqui é o meio, o foco, o pensamento relacionado ao processo da inovação. Um produto pode aparentemente ser extremamente inovador, envolver alta tecnologia ou mesmo utilizar matérias-primas mais baratas e sustentáveis. Em uma análise inicial, parece ser uma grande promessa de sucesso e lucro. Mas é fundamental pensar que um produto só será sucesso se for capaz de atender às reais necessidades de clientes, internos e externos. Por isso, pare de inovar pensando no produto. Quando isso acontece, a empresa corre sério risco de chegar ao final da viagem e encontrar uma invenção e não uma inovação. O produto final poderá não encontrar mercado, não encantar os clientes, não atingir uma escala de produção que justifique seu lançamento. Dizemos isso porque um produto que não traz resultados concretos à empresa, ao cliente e/ou à sociedade é apenas uma invenção. Para ser inovação, é preciso pensar em como resolver o problema, atender ao interesse ou trazer soluções a seu cliente. Por essa razão, defendemos que a inovação não deve ser voltada para o produto, mas sim para o cliente. Quando se desenvolve a ideia inovadora com foco no cliente, o produto surge como consequência. Não se buscará um cliente para um produto, mas sim um produto para o cliente. O cliente quer e precisa? Há uma necessidade no mercado ainda não atendida? A empresa parte para a criação e desenvolvimento de um novo produto que resolva o problema, que diminua ou elimine a lacuna entre o que seria considerado ideal e o que está sendo possível fazer. Algumas perguntas serão inevitáveis, tais como:

- Para que isso serve?
- Quem será beneficiado com esse "produto inovador"?

- Esse produto resolve efetivamente a vida do cliente?
- Há ganhos de escala que justifiquem a produção?

A Inovação para o cliente interno

Ideias criativas capazes de atender às necessidades dos clientes internos devem ser objetivo constante. Os clientes internos são os próprios colaboradores, dos mais diferentes setores da empresa, bem como os processos e atividades internas que visam melhorias contínuas nas operações, atividades, processos e ambiente de trabalho. Para isso, a inovação deve estar centrada na busca de melhores soluções para satisfazer os clientes internos. O primeiro passo será sempre a identificação da necessidade não atendida ou passível de ser aperfeiçoada. A partir da exposição clara do problema, a equipe do time de inovação, que nada mais é do que o grupo interno responsável por discutir e unificar as ideias, iniciará o processo interno para que as soluções possam ser tangibilizadas sob a forma de produtos, processos, modelos de negócios inovadores (a montagem da equipe de inovação, bem como a descrição do processo, serão bem discutidos adiante). O que os clientes internos buscam? Quais as direções mais comumente procuradas para se criar bons projetos inovadores voltados aos clientes internos?

Principais linhas de inovação para clientes internos:

1. Melhoria nos processos produtivos/ganhos de produtividade:

- produzir em menos tempo;
- produzir com menos matéria-prima;
- substituição da matéria-prima utilizada por outra mais moderna, barata, eficiente, durável;
- menos gasto de energia;
- menos uso de mão de obra e mais automação;
- novas tecnologias em máquinas e equipamentos.

2. Melhorias no ambiente de trabalho:

- estrutura física interna mais moderna, confortável, acessível;
- melhor aproveitamento do espaço físico.

3. Ações em sustentabilidade ambiental:

- menor consumo de energia na empresa;
- melhor utilização da água e da luz natural.

4. Melhorias voltadas às condições de trabalho:

- ganhos de produtividade;
- aperfeiçoamento de técnicas de motivação e trabalho em equipe;
- maior retenção de talentos;
- aperfeiçoamento das técnicas de recrutamento e seleção;
- alimentação;
- diminuição de acidentes de trabalho;
- criação de um ambiente de trabalho que estimule a inovação.

Estudo de caso: TUDO e Vale Construção

Um dos cases mais emblemáticos que a TUDO realizou em sua história foi um trabalho para a área de segurança e saúde da Vale. A agência iniciou seu relacionamento com a empresa de mineração quando produziu o evento de lançamento mundial da nova marca Vale, que até então chamava-se Vale do Rio Doce. A demanda para criar uma campanha de segurança foi apresentada pelo novo diretor de segurança e saúde, que na época se mostrava extremamente incomodado pela cultura institucionalizada na indústria da mineração de tratar acidentes fatais como índices. Que a morte no ambiente de trabalho era uma preocupação da empresa não havia dúvida, mas a grande questão era a forma racional como o assunto era tratado em todas as instâncias, quando é impensável, em qualquer segmento da humanidade, imaginar que acidentes fatais de trabalho possam ser registrados e tratados com tabelas, gráficos e comparativos.

Essa foi a base do convite posto à TUDO: como criar uma estratégia que postasse a causa da saúde e segurança de forma inovadora que gerasse efetiva mudança de comportamento com relação ao assunto?

A primeira reflexão feita foi que de fato não se tratava de índices, mas de vida e morte. Era simplesmente inadmissível que em pleno século XXI uma empresa não devolvesse um colaborador vivo para sua família ao final de um dia de trabalho. O problema da Vale era sistêmico e vinha sendo tratado com um conjunto de medidas tecnicamente corretas, como treinamentos, premiações, equipamentos de segurança e campanhas internas. Os índices da empresa estavam dentro dos padrões mundiais. Afinal, onde estava o problema? A conclusão é que o ponto crucial do desvio encontrava-se no olhar: ao tratar a morte como número, as pessoas não estavam sendo sensibilizadas de forma assertiva para uma mudança brusca de comportamento. A demanda no fundo era um pedido de ajuda para colocar a vida no patamar correto de valores.

A TUDO, então, propôs uma abordagem completamente inusitada, diferente de qualquer ação ou campanha que já havia sido feito na Vale ou provavelmente em qualquer outra empresa. A ideia era rodar o Brasil com uma espécie de espetáculo carregado de códigos emocionais. Batizado de "Construção", o espetáculo tinha como tema central a reflexão sobre os impactos da morte de um personagem fictício em um acidente de trabalho, que poderia representar a realidade de qualquer funcionário da companhia. As reuniões deveriam envolver todos os líderes, de todos os níveis hierárquicos, um grande desafio para uma empresa que possui 110 mil funcionários país afora. O roteiro do espetáculo foi minuciosamente planejado e envolvia alguns "atos", conforme descrito a seguir:

ATO 1 – JORGE AUGUSTO DA PAIXÃO

Convidados para uma reunião de segurança e saúde, os líderes da Vale chegavam e sentavam-se normalmente. Sem um único bom dia, um vídeo de segurança era passado no telão da sala. Ao final do vídeo, as luzes se apagavam e seguia-se um silêncio onde nada acontecia por incômodos 45 segundos. Começava então um outro vídeo, onde apareciam imagens gravadas em instalações diversas da Vale, tendo como trilha sonora a música "Construção", de Chico Buarque, cuja letra ilustrava as imagens que passavam. Na sequência, os participantes conheciam a história de Jorge Augusto da Paixão, que nasceu em Imperatriz do Maranhão, em 1979, casou com Aparecida e teve 2 filhos, Joana e Francisco. Jorge Augusto tinha um orgulho enorme de trabalhar na Vale, mesma empresa onde seu pai se aposentou. Em um dia como outro qualquer, o pai de família se despede da esposa e dos filhos e vai trabalhar. Imagens mostram Jorge Augusto indo para a empresa, cheio de planos e esperança de um futuro melhor para sua família. Só que Jorge Augusto nunca retornará para casa.

Ele perde a vida abruptamente em um acidente de trabalho, dias antes de sair de férias e do aniversário de três anos de seu filho Francisco. E assim, sepultava-se a vida de um jovem talentoso. No espetáculo da vida real, após acenderem-se as luzes, praticamente 100% dos líderes da Vale que assistiam ao vídeo estavam em lágrimas.

A história de Jorge Augusto

Jorge Augusto da Paixão nasceu em 18 de abril de 1979, em Imperatriz, no Maranhão. Jorge Augusto nasceu cheio de sonhos. Casou com Maria Aparecida Flores da Paixão e teve dois filhos, Joana e Francisco. Seu maior sonho: ver seus dois filhos crescerem e terem uma vida melhor que a dele. Sonhou. Sonhou com um país melhor, sonhou. Sonhou muito em ter um emprego digno e teve. Foi motivo de orgulho para ele e sua família, entre seus amigos, para seus pais, entre todos que tanto amava. Enfim, Jorge Augusto tinha um trabalho, um emprego, um meio de vida. Sonhou em ver o Brasil hexacampeão, sonhou em conhecer São Luís, a capital, sonhou que um dia conheceria seus netos. Sonhou, sonhou, sonhou como qualquer um, como qualquer um de nós, como todo homem sonha. Em 2 de fevereiro de 2007, teve seus sonhos interrompidos. Saiu para trabalhar e não voltou para casa. Sua família não o recebeu de volta. Sua vida foi interrompida aos 27 anos. Há dois meses de completar 20 anos. Morreu abruptamente. Morreu na véspera da final do campeonato de futebol da Vila de Santa Mari, onde morava. Morreu 2 dias antes de Francisco completar 3 anos.

Morreu há 3 semanas de suas férias. Morreu. Morreu. Ali, teve todos os seus sonhos interrompidos. Ali, jogado no chão como um pacote flácido. Nem parecia Jorge Augusto. Ele estava sereno, sério... Fala, por favor, Jorge. Fala. Cadê seu sorriso? Mostra pra gente. Não fica assim, deitado... Cadê? Cadê? Por favor. Cadê você? Você tem uma vida pela frente. E Joana? E Francisco? Como contar pra sua mãe? Ela tá velha... E a seu pai, que também trabalhou na Vale, até se aposentar? Como contar? Como Aparecida vai levar as crianças na escola sem você? Levante, por favor. Levante. Acorde. Não durma assim. Acorde...

ATO 2 – A MORTE NÃO É UM ÍNDICE, É UMA VIDA QUE SE PERDE

Na 2ª parte da ação, um ator entrava em cena e interpretava um texto, que começava dizendo que infelizmente casos como o de Jorge Augusto não são ficção, mas realidade. Inspirada no ritual da Cerimônia de 11 de setembro, nos Estados Unidos, o ator, vestido com um uniforme, lia, um por um, nome e data de morte de cada funcionário perdido pela Vale no ano anterior.

ATO 3 – A REUNIÃO

Somente após esses momentos iniciais, começava a reunião propriamente dita, onde os líderes, divididos em grupos, eram convidados a uma profunda reflexão de como mudar a cultura da Vale e qual a contribuição que cada um poderia dar para que eventos fatais não aconteçam mais na empresa. A totalidade dos compromissos assumidos nas reuniões realizadas em dezenas de cidades onde a Vale atua no Brasil foram posteriormente publicados em um livro, quase uma Bíblia que deveria ser seguida daquele momento em diante.

ATO 4 – A CARTA DE JOANA

Após um breve intervalo para que os participantes pudessem se recompor das emoções vividas, todos voltavam para a sala, onde o espetáculo prosseguia para o próximo movimento. O tempo havia passado, Joana, filha de Jorge Augusto, agora era uma adolescente. Na data em que comemoraria seus 15 anos, ela escreve uma carta simbólica ao pai falecido, para contar sobre sua vida e da falta que ele fazia para sua família. Em um momento revelador, Joana confidencia que apesar da dor da perda, a reflexão feita e os compromissos assumidos pelos líderes da Vale após a morte de Jorge Augusto tiveram efeitos efetivos e que desde então nenhuma outra vida havia sido perdida na companhia.

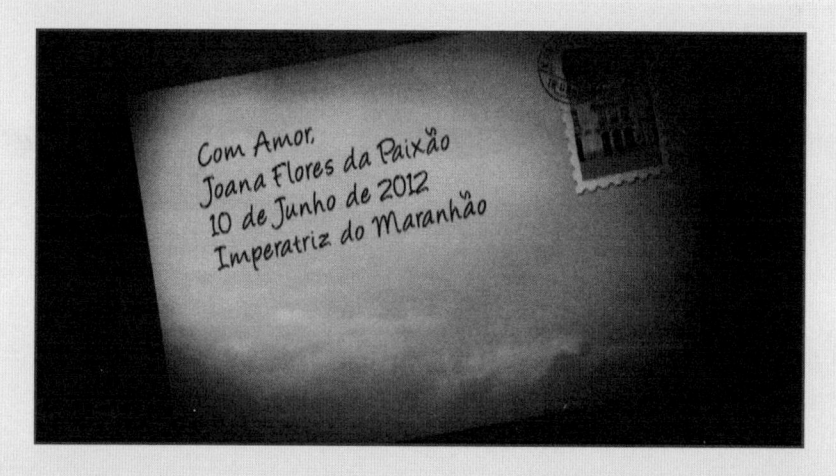

Imperatriz do Maranhão, 10 de junho de 2012

Pai,

Hoje é meu aniversário. Faço 15 anos, vai ter até festa de debutante. A mãe está preparando tudo lá em casa. Eu consegui passar para o primeiro colegial. As professoras dizem que sou boa aluna. Sempre levei a sério seus conselhos. Trabalho duro para ter uma boa educação. Eu quero muito que você se orgulhe de mim.

A mãe começou a trabalhar e está se esforçando para nos sustentar, junto com a pensão que você deixou. O Chiquinho já está tão grande. Completou onze anos agora. Ele tem seus olhos e leva jeito pra futebol. Talvez um dia ele seja um grande jogador, como você queria. Gostaria que você pudesse ver como ele está lindo, mas ele não se lembra de você. Era muito novo quando você se foi. Eu me lembro. Às vezes acho que você vai entrar em casa, como fazia todos os dias depois do trabalho. Ah, como eu gostava quando você che-

gava. Pai, queria ter te falado todos os dias o quanto te amava... e quanto te amo. Onde, quando vou te ver de novo? Meu coração dói demais. Tenho sentido muita saudade.

Apesar da dor de sua partida, tem uma coisa que me conforta. Ninguém mais morreu depois de você lá companhia. A sua morte representou um compromisso pela vida. É isso que eu aprendi com você. Pai, não importa o que aconteça. Vou continuar vivendo. E a cada dia que passa, vou fazer com que você tenha ainda mais orgulho de mim.

Com amor, Joana

ATO 5 – PAROLAGEM DA VIDA

Após a leitura da carta de Joana, o ator tirava do bolso um papel e interpretava a poesia Parolagem da Vida, de Carlos Drummond de Andrade. A peça é uma ode à fragilidade da vida.

Parolagem da Vida

Como a vida muda. Como a vida é muda.
Como a vida é nula. Como a vida é nada.
Como a vida é tudo. Tudo que se perde mesmo sem ter ganho.

Como a vida é senha de outra vida nova que envelhece antes de romper o novo.
Como a vida é outra sempre outra, outra, não a que é vivida.
Como a vida é vida ainda quando morte esculpida em vida.

Como a vida é forte em suas algemas.
Como dói a vida quando tira a veste de prata celeste.
Como a vida é isto misturado àquilo.
Como a vida é bela sendo uma pantera de garra quebrada.

Como a vida é louca estúpida, mouca e no entanto chama a torrar-se em chama.
Como a vida chora de saber que é vida e nunca nunca nunca leva a sério o homem, esse lobisomem.

Como a vida ri a cada manhã de seu próprio absurdo e a cada momento dá de novo a todos uma prenda estranha.
Como a vida joga de paz e de guerra povoando a terra de leis e fantasmas.

Como a vida toca seu gasto realejo fazendo da valsa um puro Vivaldi.
Como a vida vale mais que a própria vida sempre renascida em flor e formiga em seixo rolado, peito desolado, coração amante.

E como se salva a uma só palavra escrita no sangue desde o nascimento: amor, vidamor!

Carlos Drummond de Andrade

ATO FINAL – AMANHÃ

O último ato da reunião-espetáculo era um vídeo também com imagens reais da Vale, tendo como trilha sonora a música "Amanhã", de Guilherme Arantes, interpretada por Caetano Veloso. Esse fechamento trazia um convite à vida e ao futuro.

FICHA TÉCNICA

A experiência que a TUDO teve ao longo dos 18 meses em que produziu mais de 400 reuniões em todo o Brasil, impactando 100% dos líderes da Vale e terceirizados, foi absurdamente enriquecedora para todos os envolvidos. Ao utilizar um formato totalmente inovador na área de endomarketing, por meio de um espetáculo sensorial, onde linguagens artísticas como música, cinema, teatro e poesia substituíram tabelas, gráficos e índices, e produtores deram lugar a profissionais como diretores de cena, roteiristas e atores, a TUDO conseguiu transformar o tema "acidente de trabalho" em uma causa de forte sensibilização humana. Os índices finalmente deram lugar à vida e à morte.

A Inovação para o cliente externo

Os clientes externos são tradicionalmente os maiores alvos das empresas, afinal são os consumidores finais e aqueles que trazem a rentabilidade necessária à perpetuação do negócio. Para inovar para o cliente externo, a empresa precisa conhecê-lo muito bem. Precisa conhecer seu comportamento, seus critérios de decisão de compra, seus desejos atendidos e não atendidos e quais são as tendências futuras. A empresa que for capaz de antecipar um comportamento sairá na frente. Muito se questiona se seria possível uma empresa criar uma nova necessidade no mercado. Se as pessoas não precisavam de um celular até algum tempo atrás, e agora não conseguem viver sem ele, siginifica que essa necessidade foi criada ou a tendência já existia, o comportamento estava incipiente e a necessidade ainda não era percebida? Possivelmente, as mudanças sociais, políticas, econômicas e culturais de nossa sociedade influenciam de maneira complexa o consumidor, alterando seu comportamento e criando novos desejos. Isso ocorre nos mais diversos segmentos, seja idade, sexo, classe econômica, raça ou opção religiosa. As mulheres adquiriram o controle do consumo, decidindo a compra na maioria dos setores; a geração Y tem um perfil mais imediatista e valoriza muito as experiências pessoais; a ascenção das classes C e D no Brasil é uma realidade e traz milhares de novos consumidores ao mercado de consumo; os afrodescendentes se consolidam como forte segmento de consumo e o mercado religioso se fortalece em segmentos como editorial, música e entretenimento, viagens, dentre outros.

Entender o cliente do século XXI, em seus vários segmentos, e lidar com uma enorme quantidade de informações oriundas destes, passa a ser um grande desafio para as organizações e seus departamentos de marketing. Para inovar para o cliente externo é fundamental conhecê-lo.

Principais linhas de inovação para clientes externos:

- maior conveniência;
- maior conforto;
- economia de tempo deles;
- atendimento a eles;
- acessibilidade;
- melhoria na comunicação entre as pessoas;
- facilitação do relacionamento;
- menor custo;
- maior praticidade;
- proporcionar mais lazer e entretenimento;
- *design*.

A inevitável substituição do homem pela máquina

A substituição do homem pela máquina é hoje um dos principais temas relacionados à inovação dentro das empresas. Antes da era tecnológica, as empresas eram povoadas predominantemente por trabalhadores, homens e mulheres que suavam em seus turnos de trabalho, não só para gerar riqueza, mas para prover o sustento familiar. A economia de um país dependia, pelo menos em parte, do consumo interno e, consequentemente, dos recursos oriundos do salário. A regra é simples: empresas eram compostas por trabalhadores, que recebiam seus salários, transferiam boa parte desse dinheiro para o consumo de bens e serviços de outras empresas que, com a venda, adquiriam recursos para manter seu negócio ativo e em crescimento. Empresas prósperas continuam produzindo, desenvolvendo novos produtos e serviços e contratando mais funcionários. Tudo perfeito. O modelo vigente era uma próxima e inseparável relação produção × trabalho × trabalhador. As empresas tinham uma inevitável interface entre a produção e o produto final: o ser humano, o colaborador, principal condutor dos processos e maior responsável pela transformação da matéria-prima em produto.

Com o advento da globalização e as profundas mudanças pelas quais o mundo vem passando, a competitividade entre as empresas aumentou muito e, junto com ela, veio a necessidade de desenvolver novos modelos de produção, que objetivem o aumento da produtividade e a diminuição de custos. Dentro desse novo contexto, a relação empresa e trabalhador começou a ser questionada por diversos fatores. Inicialmente, porque mão de obra qualificada, trabalhadores competentes e capazes de protagonizar inovações e ganhos de produtividade, tão necessários às empresas de hoje, são quase um ativo em extinção. No Brasil, esse é um gargalo antigo e que não vem sendo encarado de frente nem pelo poder público, nem pelo capital privado. Os já conhecidos problemas de educação, crônicos, graves e de difícil solução no curto prazo, provocam uma situação de quase colapso, no que tange à oferta de talentos. É fato que na economia, quando um recurso é escasso ou demasiadamente caro no mercado, há o estímulo por buscar fontes alternativas ou a substituição tecnológica. Só para facilitar a compreensão desse fenômeno, isso ocorre com a oferta de petróleo como fonte energética mundial. Seria talvez comum se pensar que países produtores de petróleo poderiam cobrar muito mais caro pelos barris produzidos. Afinal, os países produtores são poucos e o recurso é vital para a matriz energética mundial. Entretanto, isso não ocorre em grandes proporções, porque caso o petróleo se torne muito caro a ponto de impactar fortemente os custos de produção, poderá estimular a busca por novas fontes energéticas. Mantendo o preço em valores compatíveis, o custo da inovação se torna alto e vale mais a pena comprar petróleo. Assim funciona também com a mão de obra. Ora, inovar em automação de máquinas e equipamentos para substituir o homem não é tarefa fácil ou barata, mas, diante do cenário atual, onde escassez de trabalho qualificado associado a custos altos para criar, capacitar, aperfeiçoar e, se necessário, demitir trabalhadores, uma nova onda de inovação começa a surgir.

Uma pergunta que você, leitor, pode estar se fazendo: será que esse fenômeno atingirá todas as profissões ou todos os níveis de formação profissional? Estudos têm demonstrado que não. Segundo o Insper/IBGE, o problema impacta as diversas faixas de salário de forma desigual. Profissões que exigem trabalho braçal, mas que são pouco remuneradas, como faxineiros, garis ou serventes de pedreiro, são pouco afetadas, porque o desenvolvimento de tecnologia para substituir uma mão de obra muito barata não vale a pena. Apesar disso, o salário médio dos brasileiros analfabetos foi o que mais cresceu (73%) entre os anos de 1997 e 2013. No outro extremo, estão aqueles que detêm habilidades cognitivas, conhecimento aprofundado para diagnosticar problemas e proporcionar soluções. Pessoas que usam criatividade e capacidade de análise crítica para exercer suas funções parecem também estar bem menos susceptíveis às ameaças das máquinas. Assim, professores, cientistas, médicos, advogados estão menos ameaçados. O segmento de profissionais com pós-graduação também teve um crescimento expressivo na sua média salarial, em torno de 30%. O problema está naquele colaborador de formação média, que exerce tarefas rotineiras, operacionais e metódicas, que executa processos repetitivos com baixa qualificação para a tomada de decisão. Essas atividades deverão ser as que primeiro serão atacadas pelo exército de robôs. Funções como operários de fábricas que atuam em linhas de montagem ou colaboradores do setor de serviços que atuam de forma totalmente mecânica e repetitiva podem estar com os dias contados.

É muito provável que esse "tsuname" atinja em cheio a relação entre pessoas e empresas. Por isso, a possibilidade de inovar, de substituir o homem pela máquina, passou a ser tema de intensas discussões estratégicas. O assunto transpôs rapidamente as fronteiras do mundo corporativo e passou a ser debatido em diversos setores da sociedade, preocupados com o futuro das pessoas e com a sobrevivência das famílias. Afinal, se máquinas substituíssem o homem de forma definitiva, este não seria mais vital às empresas, e certamente a quantidade de empregos seria menor, os salários seriam menores e o consumo também diminuiria. O modelo tradicional ficou em xeque-mate. Como enfrentar esse novo momento sociológico, onde o ser humano passa a ser questionado em seu *status quo*, em sua zona de conforto, no que tange às suas relações de trabalho, à sua formação profissional e à necessidade de se desenvolver e se aperfeiçoar? Afinal, um robô é mais previsível, reproduz com precisão as etapas de processos, além de gerar menos desperdício, por ser mais rígido aos padrões. Além disso, não está sujeito às variações de humor e emoções, não fica doente (por isso não traz atestado médico), não engravida e não deixa problemas familiares interferirem no seu desempenho. Substituir o ser humano por equipamentos ainda traz ganhos relacionados à legislação trabalhista, pois a máquina não é sindicalizada, nem tampouco move processos trabalhistas contra a empresa, e ainda por cima produz por horas a fio, até mesmo 24 horas por dia, sem troca de turnos. Máquinas não se acidentam e, consequentemente, não provocam perdas de produtividade ou geram gastos com seguros-saúde. Finalmente, quando estão desgastadas e obsoletas, são substituídas por uma nova, e o que é ainda mais incrível: mais moderna. Tudo isso sem gastos com demissões, indenizações ou processsos judiciais. Nossa, como seria perfeito empresas sem pessoas! Só habitadas por máquinas perfeitas. Mas claro que isso é uma falácia.

Empresas jamais podem pensar em abdicar dos seres humanos, talentosos, criativos, inovadores. Afinal, quem desenvolve as máquinas? Quem comanda os processos operados por elas? Quem seria capaz de criticar o que está sendo feito e propor novas formas de operar? Certamente, a resposta seria: o ser humano, aquele que pensa, sente, imagina, associa a parte e o todo, tem julgamento do que é certo ou errado. Então, vamos esquecer tudo isso, pois as empresas jamais trocariam o homem pela máquina. Infelizmente, essa não é e não deverá ser a forma de analisar esse contexto. As máquinas vieram para ficar, isso é fato. Os benefícios são claros.

Mas como deverá ser então a convivência saudável entre homem e máquina? Como gestores devem considerar essa relação, de forma a conduzir seus negócios nesse mundo cada vez mais competitivo e que impõe enormes desafios?

A inovação em equipamentos voltados à produção já é e deverá continuar sendo uma das principais prioridades das empresas. É inequívoco o fato de que a máquina gera grandes ganhos em produtividade. A inovação, nesse caso, deve focar a melhoria contínua, os ganhos operacionais, em fazer mais rápido, com menos gasto de energia e matéria-prima, porém com mais precisão. Além disso, deve focar a melhor solução para o cliente interno, mais principalmente para o externo. Sim, as máquinas podem substituir plenamente a relação empresa × cliente. Não vamos esquecer os benefícios gerados hoje pela internet, *sites* de empresas onde o cliente faz sozinho uma série de procedimentos e tem acesso a uma gama enorme de serviços; os *totens* de *check-in* das empresas aéreas ou os caixas eletrônicos dos bancos, que substituíram o atendimento feito pelo funcionário. Pensar que clientes querem sempre ser atendidos por funcionários pode ser um grande paradigma. Assim, as empresas podem desenvolver mais tecnologia para promover ganhos na relação com seus clientes. Mas não se esqueça nunca de que do outro lado está um ser humano que quer atenção, quer tirar dúvidas, precisa de apoio na hora de decidir, necessita de informações sobre os produtos e serviços. Na hora de inovar, pense nos dois lados, o da empresa e o do cliente. Avalie algumas questões importantes:

1. Como a máquina pode fazer melhor o trabalho que é feito pelo homem?
2. O cliente se sentiria melhor em se relacionar com a máquina ou com o funcionário?
3. A substituição traria algum desconforto ou criaria alguma barreira para os clientes?
4. Existe a possibilidade da complementariedade, ou seja, máquinas e homem atuando juntos para a melhoria da produtividade?

Do ponto de vista da sociedade, do trabalhador, dos movimentos sociais e grupos e organizações que lutam pela defesa dos interesses dos trabalhadores, a questão se apresenta de forma desafiadora. Tentar barrar essa tendência me parece um erro ou mesmo um retrocesso. É difícil construir barreiras ao desenvolvimento e tentar deter a inovação. O centro da discussão não deve estar em como impedir ou evitar, quais os prós e os contras. Focar nesses pontos é olhar para o passado, e não para o futuro, perder tempo e energia em uma abordagem que não trará benefícios a ninguém. É praticamente impossível tentar contrapor essa tendência: a tecnologia substituirá o trabalho humano onde for possível.

Diante desse inevitável fato, torna-se necessário ampliar o debate quanto aos impactos e às possíveis repercussões estratégicas para que se tenha um direcionamento quanto às soluções. O objetivo maior é desenvolver novas ações e inovar também na gestão de pessoas, em como preparar os profissionais para esse novo momento das empresas. A substituição não significa necessariamente desemprego. Talvez para aqueles que continuarem no paradigma do trabalho operacional, manual, com pouca qualificação no que tange à análise e à tomada de decisão, exista sim uma ameaça de perda de postos de trabalho. Por outro lado, tal tendência pode ser vista como oportunidade. Novas necessidades de mão de obra estão surgindo, novas demandas aparecem em diferentes segmentos de mercado, e profissões que antes não existiam agora são extremamente importantes. Esse é o desafio: como atrair o interesse de profissionais para novas funções, formá-los adequadamente e, por que não, preparar aqueles já estabilizados na empresa para novas funções?

Clusters de Inovação

Determinadas regiões do mundo vêm se organizando para criar o que se conhece hoje como *cluster* de inovação, que nada mais é do que a aglutinação de empresas, pessoas e instituições em um lugar comum, com o objetivo de concentrar a energia para direcionar, fomentar e promover a inovação. Trabalhando no mesmo lugar, é possível criar grandes redes de ideias, possibilitando grande troca de experiências e conhecimentos e a colaboração mútua entre os diversos setores envolvidos. Além disso, o ambiente inovador se torna um grande fator motivador de geração de ideias criativas e um atenuador para tolerar um pouco mais o risco. Finalmente, atrai a atenção dos investidores, que de certa forma sabem onde buscar projetos com maior probabilidade de retorno, e ainda incentiva a diversidade, fator importante na oxigenação da inovação.

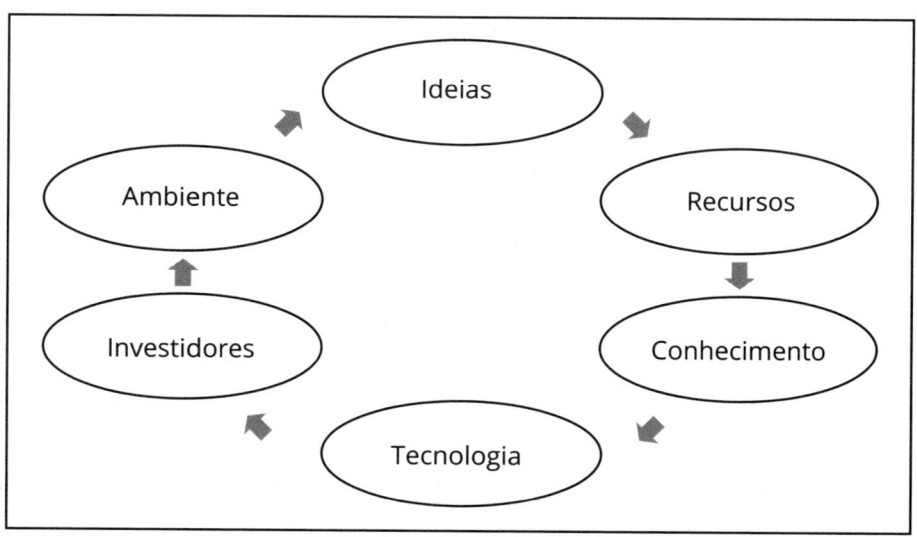

Cluster de Inovação – Todos juntos no mesmo lugar

O grande exemplo de *Cluster* de Inovação é o conhecido Vale do Silício, no estado americano da Califórnia. Lá, encontra-se boa parte das maiores e mais inovadoras empresas do mundo: Google, Apple, Microsoft, Amazon.com, Facebook, Netflix, Ebay, Intel, HP, dentre inúmeras outras, têm sede ou grandes escritórios por lá. Para completar, a região conta com duas das maiores universidades do mundo: Stanford e Univesity of California Berkeley, que reconhecidamente exercem um papel vital na geração de talentos e no desenvolvimento de projetos colaborativos entre empresas e mundo acadêmico. Outras regiões ao redor do mundo vêm se desenvolvendo em *clusters*, como Austin, no Texas, também nos Estados Unidos. Outros países como Israel e até mesmo o Brasil estão buscando tais iniciativas.

Tecnologia da Informação e Inovação

A Tecnologia da Informação (TI) é, sem dúvida nenhuma, uma importante e essencial ferramenta para a inovação. A TI é na verdade uma ferramenta da Gestão da Informação (GI), o meio pela qual ela se sustenta. É a base onde os dados são produzidos, armazenados e organizados de forma racional para cada empresa. Muitos acreditam equivocadamente que investir em um bom *software* de TI é fazer GI. A empresa adquire e adota um *software* pronto, padronizado, e acredita que este trará todas as soluções. Para isso, é comum que acabem adaptando suas atividades à tecnologia incorporada. O problema é que a empresa pode acabar sacrificando capacidades exclusivas e competitivamente fortes que o sistema poderia proporcionar, porque desenvolvê-las aumentaria o tempo e o custo de execução do projeto, que já é naturalmente demorado e oneroso. Ora, gestão da informação é muito mais que tecnologia. Claro que esta é fundamental, mas sozinha não é capaz de transformar dados em informações estratégicas. Gerir significa dar sentido aos dados. Primeiramente, para que estes possam orientar análises detalhadas, precisas e confiáveis sobre cenários, mercado, clientes, concorrentes, produtos e serviços, enfim, qualquer situação vivida pela organização. Em segundo lugar, a GI utiliza as informações para definir novos objetivos e metas, bem como as estratégias de ação necessárias para atingi-las. Finalmente, a TI é vital no acompanhamento e verificação dos resultados, cruzando dados obtidos com a execução, com aqueles previstos no planejamento. A partir daí, faz-se uma análise crítica, com conclusões estratégicas, que vão retroalimentar todo o processo.

Os professores do MIT *Sloan School of Management*, Eric Brynjolfsson e Andrew McAfee, defendem que a TI pode ser fundamental em promover mudanças no processo da inovação. Estamos vivendo uma revolução no que tange à quantidade enorme e impressionante de informações, em um volume nunca antes imaginado. Mais do que o volume, é realmente incrível a velocidade com que esses dados são gerados e processados. O termo *big data* vem sendo proposto para definir essa explosão de dados referentes a mercado, clientes, empresas, processos, enfim, a quase tudo o que envolve nossa sociedade. Os gestores e líderes empresariais devem entender que o uso do *big data* representa uma grande revolução na gestão. Com ele, o gestor pode medir e, consequentemente, saber mais sobre o seu negócio, transformando esse conhecimento diretamente em decisões estratégicas e melhores resultados. À medida que essa ferramenta for se aperfeiçoando e se disseminando, velhas ideias sobre o valor da informação, da natureza do conhecimento e das práticas convencionais da administração serão substituídas por uma nova forma de atuar. Como a informação chega muito rápido, o gestor pode também tomar decisões muito mais ágeis, permitindo uma eficiente resposta ao mercado e/ou ao cliente.

Um aspecto interessante a ser analisado quando se pensa em inovação e geração de dados é que as fontes geradoras vêm se ampliando a cada dia. Mensagens, imagens e vídeos postados em redes sociais, compras pela internet, leituras de sensores, sinais de GPS de celulares, os mais diversos aplicativos de *tablets*, computadores e *smartphones*, comunicação eletrônica e máquinas computadorizadas, produzem milhões de informações. Estas são combinadas e cruzadas das mais diversas formas para criar perfis, comportamentos, hábitos, atitudes e tendências de consumidores, mas também concorrentes, cenários e ameaças. E mais inovação virá pela frente.

Do ponto de vista da gestão do conhecimento, o desafio estará em como lidar com o *big data* de forma a obter os melhores resultados. Não basta apenas ter a maior quantidade de dados ou os melhores. Será preciso inovar também em métodos de análise e interpretação para permitir os ganhos estratégicos esperados. Novas habilidades também devem ser desenvolvidas em líderes e colaboradores, para que seja possível detectar oportunidades, entender como o cliente e o mercado evoluem, ter criatividade para propor efetivamente coisas novas. Haverá ainda uma necessidade importante de preparar esse novo profissional de TI, que precisará dominar muito mais do que técnicas avançadas de computação. O novo gestor do conhecimento deverá estar alinhado a toda a operação da empresa e ter uma postura mais integrativa, conhecendo as ferramentas administrativas básicas e alinhando o conhecimento com os objetivos e metas específicas. Colaboradores de outras áreas não costumam dedicar o tempo necessário para entender o poder e os desafios da tecnologia e tendem a tratar o pessoal de TI como prestadores de serviços de segunda categoria. É hora de rever esses conceitos. Se os dirigentes da empresa encaram a equipe de TI como auxiliar, em vez de parceira, a transferência de conhecimento entre os dois setores será prejudicada, resultando em oportunidades perdidas e desempenho aquém do ideal. Valorizar o prifissional de TI é fundamental. O "computês", idioma oficial do setor, deverá ser abandonado, e o acesso às informações deverá ser democratizado, livre, simplificado e aberto a todos os colaboradores. Os sistemas precisam ser de fácil operação, para que possam ser alimentados e manuseados por todos. Outro ponto importante é a padronização, porque o sistema precisa falar um só idioma. Por exemplo, cliente e consumidor, homem e masculino são a mesma coisa, mas não para a TI. É preciso dar qualidade e unificação às informações inseridas – "quem coloca lixo, colhe lixo". É possível que, em muitos casos, o próprio cliente possa ter acesso às informações da empresa. Imagine como seria a Inovação Aberta e a Colaborativa se o cliente pudesse obter os dados que precisa! Você deve estar pensando: mas e as informações estratégicas, aquelas que são consideradas de acesso restrito? Claro que essas serão preservadas, através de entradas específicas e senhas personalizadas (ou outra forma mais moderna). Mas, o importante é entender que as informações são um ativo vital para ficar guardado a sete chaves ou restrito a poucos colaboradores.

 Joe Peppard e Donald Marchand (2013) escreveram recentemente que "a TI melhora a eficiência, reduz custos e aumenta a produtividade, mas muitos executivos seguem insatisfeitos; quando o sistema começa a operar, ninguém busca saber como usar a informação por ele gerada para tomar decisões melhores ou ganhar uma perspectiva mais profunda – talvez inesperada – sobre aspectos cruciais das operações". Finalmente, mantenha a melhoria contínua. Sistemas de informação também precisam evoluir com as necessidades da empresa e mercado e a inovação deve estar sempre permeando o desenvolvimento e/ou aperfeiçoamento constante de novas ferramentas de obtenção e gestão da informação.

Referências

BRYNJOLFSSON, Erik; MCAFEE, Andrew. Big Data: the management revolution. *Harvard Business Review*, October 2012.

PEPPARD, Joe; MARCHAND, Donald A. Why IT Fumbles Analytics. *Harvard Business Review*, January 2013.

UPTON, David M.; STAATS, Bradley R. Radically Simple IT. *Harvard Business Review*, March 2008.

NOVAÇÃO E
ESTÃO DO
ONHECI
IENTO

A Gestão do Conhecimento tem despertado enorme interesse nos últimos anos. O desafio competitivo das empresas de gerar resultados cada vez maiores e melhores vem gerando uma série de avaliações, objetivando tanto a busca pela maximização das competências, quanto o aumento da produtividade, o maior desenvolvimento dos talentos ou tornar os processos mais ágeis, eficientes e baratos. Mais recentemente, gestores estão descobrindo que gerir melhor o capital intelectual dentro de sua empresa pode ajudar muito a encontrar algumas respostas para essas questões. Partindo do princípio de que Inovação é um pré-requesito básico para a competitividade e que todos precisam crescer e aperfeiçoar sua capacidade inovadora, a Gestão do Conhecimento tem hoje importante papel na habilidade das empresas em inovar com sucesso.

A literatura é rica em trabalhos que demonstram que a Gestão do Conhecimento é fundamental para a criação e o desenvolvimento da inovação e que há uma forte relação entre GC, inovação e *performance* organizacional. Em um estudo feito por Smith e colaboradores (2005), com 72 empresas de tecnologia, ficou demonstrado que o conhecimento existente nas organizações está diretamente relacionado a sua capacidade de gerar novos conhecimentos, que por sua vez está diretamente relacionada com a capacidade de inovar por meio do lançamento de novos produtos. Nesse contexto, é necessário entender que a organização é formada por um conjunto de competências institucionais, próprias e particulares da empresa, e de competências individuais, que estão relacionadas a cada um dos colaboradores. São competências institucionais: os processos, as técnicas, os fluxos da organização, os produtos e serviços. Já as competências individuais estão relacionadas a ação, que implica em mobilizar, integrar e transferir conhecimentos, recursos e habilidades, para que agreguem valor à organização. Esse conjunto de competências devem ser sempre desenvolvidas e aperfeiçoadas, pois são essenciais para o sucesso.

Um pouco mais sobre o conhecimento

O conhecimento é talvez um dos maiores ativos humanos, fruto de uma complexa combinação de competências, habilidades e atitudes, que permite a uma pessoa entender, criticar, analisar e interpretar uma série de fatos e dados, resultando em uma fantástica capacidade de dominar técnicas, processos, ideias e conceitos. Através de nossos valores, princípios, comportamentos, pontos de vista, opiniões e percepções, interpretamos o mundo à nossa volta e damos soluções aos problemas por nós vividos. O conhecimento cresce quando compartilhado e usado, ao contrário do capital financeiro, que diminui quando é compartilhado e se deteriora quando não é usado.

Onde está o conhecimento?

Prioritariamente, o conhecimento tem origem e está, de forma tácita, na cabeça das pessoas. O grande desafio é transformar conhecimento tácito em conhecimento explícito. Mas o que querem dizer esses conceitos?

O **conhecimento tácito** é aquele que cada pessoa possui, adquirido através da observação e experiência ao longo da vida. Reflete e está sujeito às influências de ideais, valores e princípios do próprio indivíduo. É pessoal e difícil de formalizar em palavras e números, logo, difícil também de ser compartilhado. Mas é, certamente, o mais valioso.

Já o **conhecimento explícito** é aquele registrado de forma concreta e tangível em livros, relatórios, projetos, artigos e documentos de um modo geral. Logo, é fácil de armazenar, articular, manipular, distribuir e ser transmitido por meio da Gestão do Conhecimento.

Um dos princípios fundamentais da Gestão do Conhecimento é justamente transformar o conhecimento tácito em explícito, de forma que ele possa ser documentado e compartilhado em toda a organização. É mudar a forma de entender e perceber o conhecimento, que deixa de ser posse das pessoas e passa a ser um ativo da organização.

O que se entende por Gestão do Conhecimento?

Propomos neste livro um conceito próprio, construído sob o conhecimento gerado por diversos especialistas no assunto. Assim:

> *"Gestão do Conhecimento é um conjunto de ações estratégicas que visam identificar, organizar, estimular, desenvolver e compartilhar todo e qualquer tipo de conhecimento existente na empresa, com o objetivo de maximizar suas competências e embasar as tomadas de decisões de gestores e colaboradores, para gerar os melhores resultados".*

A ideia é garantir que o fluxo do conhecimento seja administrado, para ser usado de forma eficaz e eficiente, promovendo benefícios para as empresas, além de garantir que as pessoas certas obtenham o conhecimento certo, no lugar certo, no tempo certo.

Baseado em estudo de Kongpichayanond (2009), é possível dividir a Gestão do Conhecimento em 3 pilares:

1. *Aquisição e criação de conhecimento*: que são definidos como a produção efetiva de novos conhecimentos, mas também uma melhor utilização dos conhecimentos já existentes.

2. *Captura e armazenamento de conhecimento*: que são os processos de identificação do novo conhecimento relevante e importante para o uso atual e futuro e o armazenamento dessa unidade de conhecimento para que outras pessoas na organização possam acessá-lo. A trasnformação do conhecimento tácito em explícito é condição importante e seu armazenamento é fundamental para que possa ser compartilhado e utilizado por todos. A tecnologia da informação, bons *softwares* de gestão, bem como o redesenho de processos (e a devida documentação destes), relatórios e projetos, são maneiras de guardar esse conhecimento de forma tangível e concreta.

3. *Aplicação do conhecimento*: refere-se a sua utilização para desenvolver ações concretas, operacionais e estratégicas, criação de novas situações, processos de melhorias contínuas, desenvolvimento e aperfeiçoamento de metodologias de implementação de planos de ação, para atingir metas cada vez melhores e mais ousadas e gerar maiores resultados.

Por que promover a Gestão do Conhecimento em sua empresa?

Um dos pontos mais importantes da Gestão do Conhecimento é como transformar o conhecimento existente dentro da empresa em um ativo intangível valioso, que possa criar e sustentar vantagem competitiva. Restrito ao colaborador, ele se torna colaborador-dependente e pode se perder quando o mesmo se desliga da empresa. Além disso, não se torna replicável, portanto, não pode ser utilizado por outra pessoa. A empresa investe na criação e no desenvolvimento do conhecimento, mas não usufrui dos seus ganhos potenciais.

Gerir o conhecimento traz uma série de benefícios, tanto para a organização, quanto para o próprio funcionário e para o cliente. A empresa ganha porque o conhecimento é a mola propulsora da melhoria contínua em todos os níveis, setores e processos. Além disso, ele é fonte inspiradora para gerar novos conhecimentos, oriundos da colaboração ativa de todos. A tomada de decisão tem na Gestão do Conhecimento um forte aliado. No final, o ganho se expressa na redução dos ciclos processuais, dos custos, em eficiência e produtividade. Colaboradores ganham pelo próprio incremento de novos conhecimentos, desenvolvimento de talentos e capital intelectual. Outros benefícios estão relacionados à gestão de pessoas, onde a motivação é maior, tanto para o trabalho quanto para a aquisição e aperfeiçoamento de capacidades, e o trabalho em equipe se consolida. Por fim, o cliente se beneficia por receber um produto ou serviço mais voltado às suas necessidades e desejos, expresso pelas melhorias na qualidade e agilidade no atendimento, no relacionamento com a empresa, produtos mais modernos e adaptados às suas vontades e serviços mais convenientes e práticos.

Como adquirir conhecimento?

É possível adquirir conhecimento através de uma enorme gama de ferramentas e ações:

1. **Criando ambientes propícios à criatividade e à inovação**: na verdade, essa não é necessariamente uma fonte, mas uma condição para que o conhecimento possa aflorar e ser mais bem trabalhado.

2. **Investindo em treinamentos**: via clássica e muito adotada. Aqui, vale uma reflexão particular, que venho fazendo depois de mais de 10 anos trabalhando com educação corporativa. Estou convencido de que muitos treinamentos realizados pelas empresas são subutilizados e apresentam resultados concretos duvidosos. Digo isso porque poucas empresas e também poucos "treinado-

res corporativos" entendem de metodologias de ensino, aprendizagem e gestão do conhecimento. A realidade é que a grande maioria dos colaboradores das empresas brasileiras, nos mais diferentes níveis (incluindo a hierarquia mais superior), em geral carecem de conhecimentos básicos referentes aos temas abordados. Isso quer dizer, por exemplo, que em um treinamento sobre "excelência no atendimento ao cliente", muitos conhecimentos de marketing são necessários para que o aluno entenda o que está sendo proposto no treinamento. O resultado é que muitos até ouvem e memorizam o que foi dado no treinamento, podem até absorver o processo por um tempo, mas não desenvolvem a capacidade de compreender, analisar, ter crítica, entender como ele, o cliente e a empresa ganham com tudo isso. Muitos treinamentos têm carga horária deficitária para atingir todos esses objetivos. Por isso, proponho uma revolução nos treinamentos e capacitação das empresas. Melhor seleção de professores, maior aprofundamento em tópicos básicos e necessários para o objetivo-fim, mais tempo de curso (mais carga horária teórica e prática), atividades mais interativas (grupos de discussão, ciclo de debates, *workshops*, estudo de casos externos e/ou internos à empresa, demonstrações práticas de projetos).

3. **Participando de congressos, encontros e associações**: mais utilizada para profissionais de nível gerencial, é uma ótima oportunidade para conhecer os mais recentes avanços tecnológicos, metodologias, técnicas, equipamentos, enfim, tudo o que há de mais novo em seu setor.

4. **Aprendendo com o ambiente externo**: esse tópico envolve o aprendizado vindo do cenário externo e do mercado, dos diversos aspectos culturais, legais, econômicos e demográficos, da ação de concorrentes, fornecedores e intermediários.

5. **Contratando talentos**: trazer talentos de fora da empresa é uma decisão delicada e merece uma boa dose de reflexão de gestores, principalmente para cargos mais superiores que envolvem decisões estratégicas. Digo isso porque contratar um gerente, diretor ou presidente que já tenha mostrado relevantes habilidades e resultados em outras companhias não é garantia de que

os mesmos resultados serão repetidos em sua empresa. Claro que a chance de dar certo é bem maior, afinal, esse gestor já vem com grande bagagem profissional, vivência de mercado, experiência em tomada de decisão e liderança de equipes. Por outro lado, as óbvias condições divergentes da estrutura original podem se tornar importantes barreiras, às vezes intransponíveis, resultando no fracasso da empreitada. A adaptação à nova cultura pode ser difícil, o nível técnico e de competências da nova equipe também podem ser insuficientes, as condições de cenários externo e interno, bem como do mercado, mudam com frequência. Entretanto, promover talentos internos pode ser uma boa saída. Este normalmente é um colaborador já bem conhecido e seu talento já foi testado em projetos anteriores. Promover talentos internamente eleva o grau de motivação interna entre os outros colaboradores e fará você contar com um profissional totalmente integrado à cultura e aos valores da empresa. O ponto de atenção é que, por estar acostumado aos processos, ele pode estigmatizar sua percepção com o viés dos olhos convencionais da empresa e ter uma visão muitas vezes míope em relação ao futuro. Mas, certamente, trazer talentos de fora é uma excelente forma de adquirir conhecimento novo.

6. **Por meio do capital intelectual interno**: existe muito conhecimento gerado das experiências internas, em cada processo e projeto já desenvolvido pela empresa. Geralmente, esse conhecimento estará de forma tácita nos colaboradores. Estar atento a isso e desenvolver ferramentas para transformar esse conhecimento tácito em explícito é o caminho a ser seguido.

7. **Através dos clientes**: os clientes são excelentes fontes de conhecimento, talvez uma das melhores. Afinal, eles são o objetivo maior de quase todas as empresas. Poder captar sua necessidade, para oferecer produtos e serviços cada vez mais alinhados com seus desejos, é fundamental. Clientes informam a empresa sobre o funcionamento de um determinado produto, como melhorá-lo, dão novas sugestões, podem trazer novas ideias (através da Inovação Colaborativa), sugerir novas funcionalidades, enfim, prover uma série de informações extremamente relevantes.

8. **De outras empresas ou do mundo acadêmico**: através do modelo de Inovação Aberta, empresas adquirem conhecimento vindo de outras empresas parceiras ou mesmo das universidades. Isso acontece quando parceiros empresariais têm determinadas habilidades ou vantagens competitivas bem específicas, mas insuficientes para levar um projeto inovador até o fim. De forma aberta e compartilhada, somam essas competência, e a parceria resultante possibilita um enorme ganho estratégico.

As empresas assumem seu papel

Quando o assunto é Gestão do Conhecimento, as empresas obviamente exercem um papel crucial e devem assumir suas responsabilidades. Diante da difícil situação da educação no Brasil, esperar que os talentos venham do mundo acadêmico pode ser frustrante. As universidades no país, na sua grande maioria, têm grandes dificuldades de estruturas física, tecnológica, metodológica e de competências do corpo docente. Salvo raras exceções, pouco se pesquisa, e não vejo uma formação voltada para preparar, de fato, profissionais competentes para o mercado de trabalho. Assim, as empresas devem direcionar seus esforços para aperfeiçoar as técnicas de captação e retenção de talentos, fortalecendo os investimentos em capacitação e treinamento. Novas metodologias de desenvolvimento de habilidades gerais e específicas são necessárias, bem como uma nova visão voltada para a gestão de carreira, com remuneração condizente. Outra possibilidade é a criação de um ambiente interno realmente inovador e de excelência, onde a competitividade possa ser estimulada.

Referências

ESTERHUIZEN, D.; SCHUTTE, C.; DU TOIT, A. A knowledge management framework to grow innovation capability maturity. *S A J Information Management* 2012, 14(1), 1-10.

SMITH, K. G.; COLLINS, C. J.; CLARK, K. D. Existing Knowledge, Knowledge Creation Capability, and the Rate of New Product Introduction in High-Technology Firms. *Academy of Management Journal* 2005, 48(2), 346-357.

KONGPICHAYANOND, P. Knowledge Management for Sustained Competitive Advantage in Mergers and Acquisitions. *Advances in developing human resources*, 2009, v. 11(3), 375-87.

INOVAÇÃO E EMPREENDEDORISMO

10

Não é infrequente que essas duas palavras sejam sempre consideradas em conjunto, ora como sinônimos, ora como ações complementares. Certamente, é impossível pensar em empreendedorismo sem falar em inovação. Muitos dos princípios que regem um também suportam o outro. Os perfis do empreendedor e do inovador também se confundem. Mas é importante deixar claro que o empreendedorismo traz em seu bojo a inovação, mas não significa necessariamente a mesma coisa.

A irracionalidade, ou seja, a necessidade de se pensar de maneira irracional, deve ser, da mesma forma que na inovação, a tônica que envolve a atividade empreendedora. Aqui, também existe a necessidade de se pensar diferente, considerar alternativas, desafiar as convenções e paradigmas, promover rupturas com o passado. Pode parecer audacioso, mas a mudança não acontece de formas positivas e significativas sem que as pessoas pensem um pouco de maneira irracional.

Pense em um jovem que um dia pensou que os computadores seriam necessários às pessoas, não somente às empresas. Ele vislumbrava que no futuro todos teriam computadores em suas casas, mãos e bolsos. Esses aparelhos revolucionariam a nossa forma de viver, nos conectariam com o mundo instantaneamente, nos dariam acesso a toda e qualquer tipo de informação desejada, a qualquer tempo e a qualquer hora. Bem, esse jovem foi chamado de louco por muitos em sua época, mas teve a coragem de questionar toda a forma vigente de pensamento e comportamento e, de forma absolutamente irracional, insistiu em criar o que hoje conhecemos como a mais valiosa das empresas no mundo.

O papel do empreendedor é enfrentar todo mundo. Estamos vivemos uma era sem precedentes de empreendedorismo. O século XXI é a era do empreendedorismo. Estamos no meio dessa revolução que vai nortear o século de maneira global. A taxa de *startups* nos países desenvolvidos está mais alta do que nunca. Hoje, se você conversar com alguém que está saindo da faculdade ou terminando um mestrado, verá que o *glamour* não está mais em ser funcionário de uma grande empresa. Se perguntarmos hoje a um jovem: "Bom, você tem uma escolha a fazer: pode optar entre um emprego na Vale, no Banco do Brasil ou na Petrobras, ou pode construir sua carreira em empresas como Natura, Apple ou Google", a resposta será, muito provavelmente, "eu quero fazer parte de uma empresa empreendedora e inovadora e de rápido crescimento, muito mais do que a burocrática empresa do passado".

Não tenho dúvida de que essa é uma verdade em países como Estados Unidos ou Alemanha. E quero crer que será uma tendência cada vez maior em países como o Brasil. Apesar de o nosso país ainda ser tímido quando se fala em inovação e empreendedorismo, já se observa um movimento crescente em direção a cursos no exterior, aperfeiçoamento de idiomas e estágios e experiências acadêmicas fora do país. O Programa Ciências Sem Fronteiras do Governo Federal é uma prova disso. E não tenhamos dúvida: o contato com o mundo desenvolvido trará ímpeto aos nossos jovens, que passarão a enxergar o mundo sob novas perspectivas. Empreender é hoje um jeito novo de pensar. É uma geração olhando para o mundo de maneira bem diferente, inclusive, no que diz respeito ao que eles querem para seu futuro: nada de empregos na mesma empresa para a vida toda ou de segurança, mas sim ter seu próprio negócio.

Fala-se muito da necessidade de criação de novos empregos em todo o mundo. Pois é, 85% dos novos empregos gerados nos Estados Unidos vêm do setor empreendedor. Não vêm do governo, nem tampouco de grandes empresas, que estão cada vez mais se automatizando e se tornando globais. A porcentagem de inserção de novos produtos e serviços no mercado nunca foi tão grande. Antes, você ia ao supermercado para comprar café e encontrava apenas café. Hoje em dia, você tem que escolher entre café em grão, em pó, solúvel, tipo expresso, especiais, com várias misturas e procedências. É isso aí. Uma explosão de oferta de produtos, dos mais diferentes tipos, modelos, cores, tamanhos, qualidade, à disposição do cliente. A realidade é que os mercados estão cada vez mais segmentados e divididos em nichos. Uma única solução já não funciona mais e o mercado demanda muitos mais soluções das empresas. A questão aqui é que esse cenário não somente significa mais escolhas para os clientes, mas também mais oportunidades para os empreendedores. E, nesse quesito, a grande empresa não necessariamente tem maiores vantagens, só porque ela é maior. Empresas grandes podem ser lentas e demorar a reagir às mudanças do mercado. Empreendedores identificam oportunidades e criam e solidificam negócios onde as grandes deixam rastros.

Mas, infelizmente, muitos ainda acreditam que empreendedores de sucesso são como super-heróis de calças azuis coladas e capas vermelhas com o grande S no peito. Pensamos em Michael Dell, Steve Jobs, Mark Zuckemberg, ou, por que não, em Silvio Santos, Antonio Ermírio de Moraes, ou tantos outros brasileiros e estrangeiros bem-sucedidos, como se eles fossem esses super-heróis ou pessoas extraordinárias. Empreendedores são pessoas comuns.

São as pessoas do dia a dia que fazem coisas extraordinárias e, a princípio, qualquer um pode ser um empreendedor. Mas, infelizmente, não é um caminho fácil. Enquanto a gente cobre esses empreendedores de elogios, pode parecer que empreender é uma tarefa simples, mas não é. Empreender é difícil, rigoroso e exige bastante de nós, mas ao mesmo tempo é fascinante e emocionante.

Países mundo afora já vivem há algum tempo o sonho inovador e empreendedor e prosperaram através de organizações incríveis. O desafio agora é nosso, aqui no Brasil. Precisamos urgentemente desenvolver um ambiente propício ao empreendedorismo, que estimule iniciativas e aumente as chances de sucesso. Governos, instituições públicas e privadas, universidades, enfim, todos devem conjuntamente trabalhar arduamente para mudar a história de nosso país. Essa é uma era de onipresença do empreendedorismo: representando mais escolhas, mais inovações, mais avanços tecnológicos, mais mudança, mais oportunidades e mais possibilidades. É a fonte de vantagem competitiva sustentável.

Empreendedorismo nao é só começar o próprio negócio. É uma filosofia, uma maneira de pensar e agir, de abordar a vida e o mundo à nossa volta. Não se aplica somente em novos negócios, mas sim em achar novos caminhos para soluções de negócios.

Segundo Michael Morris, meu professor e orientador de Pós-Doutorado na *University of Florida*, EUA, o empreendedorismo como filosofia de vida tem dois componentes que, quando combinados, formam a mente empreendedora:

1. **Componente Atitude**: qualquer um pode ser o agente de mudança.

Princípio da insatisfação saudável: o empreendedor sempre vê um jeito melhor de se fazer as coisas. Está sempre inquieto, pensando em como as coisas poderiam ser melhores. É alguém que anda na rua e pensa: "e se essa loja tivesse sido feita de outro jeito?"

Oportunidades estão em qualquer lugar: apesar de estarmos preocupados com os nossos problemas diários, nos esquecemos que vivemos na época mais "oportunista" da história e esquecemos de olhar o mundo à nossa volta. Inovadores e empreendedores estão sempre com "o radar ligado e sintonizado", observando tudo em sua volta, sempre.

Rejeição ao fracasso: este talvez seja um dos princípios mais clássicos do empreendedorismo. Ao contrário do que muitos pensam, o fracasso é ótimo. O fracasso é maravilhoso! O fracasso ensina, dimensiona, traz experiências e sabedoria. Se vivermos uma vida inteira evitando os fracassos, viveremos uma vida medíocre. Nós somos seres humanos, temos nossas fraquezas e isso é absolutamente normal: tentamos coisas novas e fracassamos. É isso. E o fracasso é o melhor jeito de aprender o que funciona e como melhorar. Mas a cada fracasso não podemos jamais dizer "desisto, paro por aqui", mas sim "onde errei, como evitar o erro na próxima vez, como progredir?"

2. **Componente Comportamental**: refere-se ao jeito de agir, pois não podemos só falar em oportunidades. Temos que buscar as mudanças e tentar implementá-las. Qual é o *slogan* da Nike? *"Just do it"*, que significa "apenas faça". Isso faz parte do comportamento empreendedor.

Características: perseverança, inovação, tenacidade. Quantos empreendedores venceram porque foram contra ao que todos diziam, agindo mesmo com oposição? Nao é somente correr o risco, mas gerir os riscos de maneira hábil e talentosa.

O empreendedorismo pode se manifestar de diferentes formas e em diferentes estágios e momentos na vida e na carreira. Empreender pode significar:

> - o começo de um novo negócio;
> - a compra de um negócio já existente;
> - assumir os negócios da família;
> - empreendeder dentro das empresas (que é o que chamamos de empreendedorismo corporativo ou intraempreendedorismo);
> - começar algum projeto sem fins lucrativos (empreendedorismo sustentável);
> - empreender no setor público;
> - ser um empreendedor dentro da profissão.

Mas afinal, o que é empreendedorismo?

> *"Processo de criar valor ao combinar recursos de maneira única, a fim de explorar uma oportunidade."*
>
> Michael Morris, University of Florida – EUA

> *"A busca de oportunidade sem levar em conta (sem se restringir) os recursos controlados ou restritos."*
>
> Harvard

Em artigo em fase de submissão de publicação, estou propondo o seguinte conceito:

> *"Empreendedorismo refere-se à gestão de um negócio por conta própria e risco e também ao 'comportamento empreendedor', no sentido de aproveitar uma oportunidade. Pode ser uma novidade, uma nova organização, uma nova entrada ou nova combinação de recursos".*

A paixão empreendedora

A paixão está profundamente enraizada no folclore e na prática do empreendedorismo e está envolvida fortemente com o comportamento empreendedor, ou seja, na capacidade de assumir risco não convencional, na intensidade incomum de foco e na crença persistente em um sonho.

Cardon e colaboradores (2009) abordam com detalhes a paixão empreendedora em um dos artigos mais clássicos sobre o assunto. Eles afirmam que a paixão é uma emoção e um sentimento positivo intenso, que envolve tarefas e atividades e tem forte efeito motivador para estimular o empreendedor a superar os obstáculos e manter-se engajado. Assim, algumas premissas estão relacionadas:

1. maior tolerância ao risco;
2. busca constante por oportunidades;

3. desejo em criar produtos e serviços inovadores;

4. foco nas tarefas;

5. amor ao trabalho;

6. forte inclinação para a atividade que as pessoas gostam.

A paixão empreendedora pode nos ajudar a explicar, por exemplo, por que alguns empreendedores que evidenciam alta paixão perdem o "fogo", a energia, a vontade de continuar, enquanto outros continuam? Por que alguns que parecem ser apaixonados por suas ideias estão dispostos a dá-las a outro e não a desenvolvê-las por si mesmos? Por que uns persistem apesar dos obstáculos e impedimentos e outros desistem?

O empreendedor apaixonado apresenta uma ou normalmente a combinação de algumas das seguintes características:

1. Ser um fundador – paixão envolvida no estabelecimento de um empreendimento para a comercialização e exploração de oportunidades.

2. Ser um inventor – paixão por atividades envolvidas em identificar, inventar e explorar novas oportunidades.

3. Ser um desenvolvedor – paixão por atividades para desenvolver, crescer e expandir.

Indivíduos afetados pela paixão empreendedora são certamente mais motivados a enfrentar os desafios e buscar resoluções para os mais diversos problemas, dão mais atenção para identificar soluções quando relacionados aos sonhos, desejos ou identidade própria, reconhecem novos padrões de informação e aproveitam o conhecimento existente e disponível para encontrar soluções criativas.

Quem é o empreendedor?

Muitas das habilidades, aptidões e perfis que caracterizam o inovador também estarão presentes no empreendedor. Podemos dizer que as principais características do empreendedor são:

- Está disposto a assumir e administrar riscos.
- Cerca-se das melhores e mais competentes pessoas.
- Cria um ambiente interno propício ao trabalho em equipe, criatividade e inovação.
- Pensa grande, tem metas audaciosas.
- É altamente competitivo.
- Está sempre atento aos limites legais e éticos.
- É persistente, não desiste nunca.

Dentre as habilidades citadas acima, queria dar uma ênfase maior às pessoas. Empreendedores de sucesso devem estar certos de que têm ao seu lado as melhores pessoas que puderem recrutar: as mais criativas, inteligentes, talentosas, experientes, competentes, abertas, motivadas, energéticas, ambiciosas, apaixonadas pelo que fazem. Lembre-se: as grandes empresas são feitas de grandes pessoas.

Motivação é algo praticamente inerente ao empreendedor. Além da paixão empreendedora, já citada acima, o empreendedor age movido por uma série de razões. A primeira delas é o sentimento de independência e liberdade, aquela situação onde a pessoa é dona de seus próprios atos, decisões e destinos, não deve satisfação a ninguém. Em segundo lugar, o desejo de criar algo, de ser protagonista de um projeto de sucesso, capaz de transformar a sociedade e o mundo. Outros se motivam pela possibilidade de ajudar ao próximo, melhorando a vida das pessoas, gerando empregos, distribuindo renda. Não se pode esquecer, nem negar, que muitos empreendedores, apesar de não reconhecerem oficialmente ou não aceitarem, buscam, sim, ganhos financeiros.

Existem vários perfis de empreendedor. James Green, da *University of Maryland* – EUA, descreve uma série de estilos:

- *Estilo de vida* – são aqueles que empreendem em algo que gostam e o fazem quase como um *hobby* – por exemplo, um restaurador de objetos antigos.

- ✓ *Crescimento rápido* – é aquele que empreende pensando no futuro e em como fazer seu negócio prosperar. Geralmente utilizam a internet como ferramenta.

- ✓ *High Tech* – está relacionado àquele que gosta de utilizar-se de tecnologias avançadas, complexas e inovadoras que estarão envolvidas diretamente no empreendimento futuro.

- ✓ *Low Tech* – por outro lado, existem alguns que acreditam que negócios de sucesso não precisam ser, necessariamente, complexos e tecnológicos. A simplicidade pode ser a "alma do negócio".

- ✓ *Em série* – é aquele que realiza vários empreendimentos de risco, um após o outro.

- ✓ *Múltiplos* – são aqueles que realizam vários empreendimentos todos ao mesmo tempo.

- ✓ *Criadores* – alguns são focados em *startups*, com alta capacidade criativa e inovadora.

- ✓ *Herança* – há aqueles que herdam empresas e negócios e que aperfeiçoam e os tornam melhores.

- ✓ *Compradores* – há o perfil dos empreendedores que gostam e sabem adquirir empresas, geralmente em piores condições, e têm a capacidade de reerguê-las. Para isso, claro, é importante ter capital financeiro.

- ✓ *Franchising* – alguns preferem o caminho do *franchising*, onde aproveitam um negócio já estabelecido para desenvolvê-lo em sua região. Nessa modalidade é importante também ter algum recurso financeiro.

Todos esses diferentes perfis podem estar presentes de forma isolada ou combinada, podendo ainda variar de acordo com o momento de vida, a disponibilidade ou acesso aos diversos recursos e a oportunidade encontrada. Outra dúvida que normalmente surge, ou talvez isso possa até ser um paradigma, está relacionada ao melhor momento da vida para empreender. Jovem ou em idade mais adulta? Claro que a resposta será "depende", afinal, empreender não tem idade. Existem vantagens e desvantagens em ambas as etapas da vida. Veja no quadro a seguir:

A oportunidade de empreender	
Jovem	**Idade adulta**
• Mais tempo para errar e recomeçar	• Mais capital para investimento
• Menos experiência	• Mais experiência
• Mais energia e sonhos futuros	• Maior *networking*
• Ambiente mais propício – Universidade	• Mais responsabilidade em avaliar risco
• Foco em si próprio e no presente	• Foco na família e no futuro

Empreendedorismo como processo

Processo é o grande avanço do empreendedorismo nos últimos 40 anos. É talvez a palavra mais importante na definição do empreendedorismo. O Processo Empreendedor (PE) é longo, desde os primeiros pensamentos, até começar de fato um novo negócio. PE pode ser aplicado a várias situações dentro de uma empresa, tal como a criação de um novo produto, o desenvolvimento de novos processos de funcionamento, o reconhecimento de novos mercados.

Durante meu pós doutoramento na *University of Florida* – EUA, estudei muito sobre o empreendedorismo como um todo e, em particular, sobre o processo empreendedor. No meu artigo final "Ciclo de vida do empreendedorismo: uma nova visão do processo empreendedor", procurei discutir o assunto, dando ênfase à visão cíclica, da mesma forma que proponho no processo inovador. Algumas questões são importantes e merecem reflexão:

1. O processo empreendedor pode ser facilmente definido e reconhecido na maioria das empresas?

2. Existe uma mesma abordagem do processo empreendedor em diferentes empresas no mesmo segmento e em diferentes segmentos?

3. Que variáveis podem afetar o tempo e a chamada "viagem" empreendedora?

4. Que variáveis podem influenciar a evolução temporal em cada fase do processo?

5. Existe um modelo de medição que pode ser aplicado às empresas para identificar as variáveis?

O empreendedorismo, assim como os processos, pode ser dividido em estágios. Ele não só tem etapas, mas também pode ser contínuo. Processos podem ser aprendidos e qualquer um pode aprender o processo do empreendedorismo. Se pode ser aprendido, também pode ser gerido, em qualquer contexto, tanto em pequenos, quanto em grandes, negócios.

Partindo do pressuposto que qualquer um pode aprender o processo empreendedor, este pode, segundo Michel Morris, ser dividido em 5 estágios:

1. identificação da oportunidade;
2. desenvolvimento do conceito;
3. determinação dos recursos necessários;
4. aquisição dos recursos necessários:
    a) Como conseguir esses recursos?
    b) Como alavancar esses recursos?
    c) Como ver algo como um possível recurso que ninguém vê como recurso?
5. implementar e gerir;
6. colher o resultado do empreendimento.

A seguir, irei apresentar o modelo desenvolvido por mim, durante meu projeto na *University of Florida* – EUA, sob orientação do professor Michael Morris.

O ciclo de vida do empreendedorismo

O propósito desse modelo é apresentar uma nova visão do processo empreendedor, dando ênfase ao seu critério cíclico, ou seja, toda viagem empreendedora sempre terminará em novas oportunidades, para que novas viagens sejam criadas.

Ciclo de Vida do Empreendedorismo

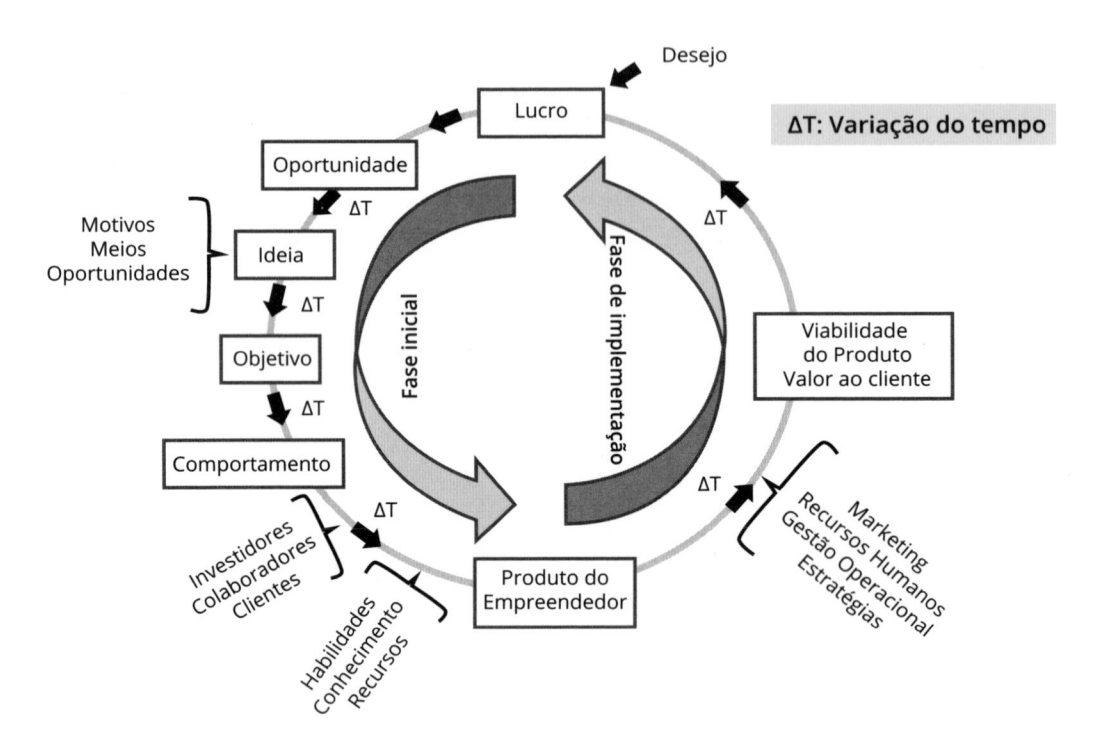

```
                          Desejo
                    Lucro
           Oportunidade              ΔT: Variação do tempo
              ΔT              ΔT
Motivos
Meios     Ideia
Oportunidades
              ΔT                          Viabilidade
                                          do Produto
           Objetivo                       Valor ao cliente
              ΔT         Fase inicial
                         Fase de implementação
         Comportamento
                                    ΔT
                              ΔT              Marketing
              ΔT                              Recursos Humanos
Investidores                                  Gestão Operacional
Colaboradores                                 Estratégias
Clientes         Produto do
                 Empreendedor
        Habilidades
        Conhecimento
        Recursos
```

O modelo é composto por duas fases: uma inicial, que envolve desde a concepção dos motivos e das ideias, até a concepção do produto final, e outra de implementação, que inclui todas as ações estratégicas necessárias para que o produto empreendedor atinja seu objetivo maior: gerar valor aos clientes e lucro para as empresas. Muitos podem imaginar que o processo resume-se à identificação da oportunidade, seguido da ideia e do lançamento do empreendimento. Entretanto, nada estará ainda finalizado, o sucesso ainda não poderá ser considerado se o empreendimento não for capaz de trazer benefícios concretos aos clientes, razão maior de qualquer iniciativa empreendedora. O retorno ao acionista ou empreendedor proprietário (normalmente o lucro, mas nem sempre) também precisa ser alcançado.

Fase Inicial

No mundo capitalista, o desejo do *lucro* normalmente é o ponto de início de qualquer iniciativa inovadora e empreendedora. Claro que outros motivos (já descritos acima neste capítulo) podem motivar um empreendedor a buscar oportunidades, mas a prosperidade e o crescimento da sociedade está em gerar empresas viáveis, saudáveis e capazes de se sustentar no longo prazo.

A partir desse desejo, o empreendedor passa a ficar atento às *oportunidades* do mercado, identificando lacunas ainda abertas e necessidades de clientes a serem satisfeitas. O empreendedor de sucesso é aquele que enxerga uma possibilidade de concretizar um sonho onde a maioria não vê. Shrader e colaboradores (2011) revisaram recentemente um grande número de artigos relacionados à oportunidade empreendedora e os compilaram em seis principais situações:

1. possibilidade de introdução de um novo produto para o mercado;
2. imaginar ou criar um novo significado final a um processo;
3. uma ideia a ser desenvolvida em um negócio já em andamento;
4. percepção de um meio viável para obter ou alcançar benefícios;
5. habilidade para criar uma solução para um problema;
6. possibilidade de servir ao cliente de forma diferente e melhor.

A *ideia* então surge, influenciada por alguns fatores importantes, como os motivos, os meios e o momento ideal da oportunidade. Os motivos são as verdadeiras razões propriamente ditas para se criar e iniciar algo. Esses motivos precisam estar bem claros e definidos. Os meios referem-se aos recursos necessários nessa etapa, não necessariamente nos detalhes, mas um mínimo de análise para saber se a ideia poderá ser viável. A avaliação do momento ideal da oportunidade refere-se a iniciar o projeto no momento certo, no local certo, para o segmento e mercado adequados.

A etapa seguinte do processo, ainda dentro da fase inicial, é o *objetivo*. Certamente, este deve estar alinhado às estratégias da organização e aos possíveis resultados financeiros. Os principais objetivos podem ser venda, lucro, criação de um novo negócio, um novo produto, um processo interno, retorno ao acionista.

A partir do objetivo, há a necessidade de transformar ideia em ação, e tudo isso só é possível com uma atitude de *comportamento*. Sem uma iniciativa concreta no sentido de agir, corre-se o risco de ficar no campo dos sonhos, e não se terá chance de alcançar os resultados esperados. Para agir, o empreendedor precisará dominar habilidades e deter conhecimentos específicos, além de contar com diferentes recursos. Finalmente, antes de terminar a primeira fase com a concepção do produto, será necessário alinhar a estratégia aos interesses dos investidores, colaboradores e consumidores, pois estes serão os mais importantemente impactados pelo processo.

A fase inicial termina com o *produto do empreendedor*, finalizado e pronto para ir para o mercado. Mas, nessa etapa, estamos ainda somente na metade do processo empreendedor. O produto ainda não atingiu seu objetivo, mas apenas criou forma e tangibilidade suficientes para iniciar a próxima fase, que é a de implementação.

Fase de Implementação

Essa etapa é voltada para a estratégia a ser adotada para viabilizar o produto empreendedor no mercado e torná-lo um sucesso. Isso significa que uma excelente ideia empreendedora necessita sim de uma excelente empresa executora. Caso contrário, tudo será perdido, oportunidades serão perdidas, recursos serão desperdiçados. Logo, a fase se inicia com o lançamento do produto. Ações estratégicas de gestão, de marketing e de recursos humanos são fundamentais.

Ações de marketing deverão ser implementadas, utilizando a clássica ferramenta dos 4 Ps – Produto, Preço, Praça e Promoção – bem como outras atividades necessárias para que o cliente conheça o produto empreendedor e tenha acesso e boas experiências com ele. A satisfação do cliente deve ser o objetivo maior. Os colaboradores devem estar alinhados a esse objetivo, capacitados e treinados a oferecer o valor demandado pelo mercado. Na verdade, todos os setores, financeiro e contábil, tecnologia da informação, cadeia de suprimentos e vendas, terão seu papel na condução da concretização do processo empreendedor.

Finalmente, a última etapa é a comprovação real da viabilidade, com a entrega do valor ao cliente, que retribui a empresa sob a forma do lucro, fechando o ciclo.

Na verdade, quando o produto chega na etapa final, o processo poderá criar um novo ciclo. Isso poderá ocorrer por várias razões:

1. o mercado ou cliente poderão demandar outras ideias ou o aperfeiçoamento da mesma;
2. o empreendedor vai aprender com a experiência vivida e certamente terá motivação para avançar e melhorar;
3. a organização terá a cultura do empreendedorismo mais consolidada;
4. investidores ou acionistas estarão dispostos a assumir novos riscos em busca de novas fontes de renda.

Obviamente, do ponto de vista do empreendedor, é possível sair no final do processo, deliberadamente ou por razões pessoais (financeira, familiar, saúde ou até por falecimento). No entanto, a jornada de processo ainda continua em curso para a empresa e pode ser conduzida por outros empreendedores. Além disso, pode ser conduzida pelo mesmo empreendedor, em momento futuro. A experiência vivida é um capital de conhecimento raro que não deve ser descartado.

Referências

CARDON, M. S. et al. *Academy of Management Review* 2009, 34(3), 51.

GREEN, James. Developing Innovative Ideas for New Companies, *University of Maryland*. Coursera course, 2014. Disponível em: <www.coursera.org/course/innovativeideas>.

HANSEN, D. J.; SHRADER, R.; MONILOR, J. Defragmenting Definitions of Entrepreneurial Opportunity. *J Small Business Management* 2011, 49(2), 283-304.

Formato	17 x 24 cm
Tipografia	Iowan OldSt BT 11/15
Papel	Offset Chambril Book 90 g/m² (miolo)
	Supremo 250 g/m² (capa)
Número de páginas	232
Impressão	Geográfica